野球母ちゃん

そのパワー侮るなかれ

神川靖子
協力 池谷弘子

新評論

はじめに

「夏は氷をつくるのが仕事だよね」

「そうそう！　つくる氷の量で季節が分かるよね」

　野球少年を支える母親は、非常に重要な役割をしています。とくに少年野球時代は、子どもたちの世話はもちろん、時にはチームのマネージャー役までこなしています。

　女性ゆえに、野球のルールを知らない、野球を好きではないという母親ももちろんいますが、彼女たちはベンチでスコアラーを務め、大会の運営員や球場のアナウンスまでやってのけます。さらに、家に帰れば「洗濯」が待っていて、洗濯機にポイっと入れたら済んでしまうというこの時代に、泥んこになったユニホームを洗濯板でゴシゴシとこするのです。

　そして、どんなに疲れていても夕食の準備があります。また、食べ盛りの子どもの食事に気を遣います。もし、怪我をさせたり、身体の成長が遅かったりすると、「しっかり食べさせているのか？」と、誰かに言われたりもするのです。まるで、すべての責任がお母さんにあるかのような雰囲気が漂うのです。

オリンピックでのソフトボール、そして女性のプロ野球も生まれましたが、まだまだ野球は男性のスポーツとしての認知が高いです。それゆえ、裏方としてとんでもなく大変なことをしている母親なのですが、「見守ること」というのが暗黙のルールとなっていて、口を出すことが憚られる場合が多いものです。

それでも、子どもの状況によっては、励ましたり、褒めたり、叱ったりというのはやはり母親の役目となっています。「こんな声かけでいいのか?」と迷い、悩んでいるお母さんも多いことでしょう。なんだか、報われない感じがしますね。それでもお母さんたちが頑張れるのはなぜでしょうか。

たぶん、お母さんたちには「自分にしかできない最大の役割がある」という自負がある

息子の一番のファンは母ちゃん

のでしょう。そう、彼女たちは「息子の一番のファンは私である」という信念を心に秘めて日々奮闘しているのです。多くの不安、歓び、息子への愛――野球少年を支え続けている彼女たちのゴールの先には何が見えるのでしょうか。

二〇一七年、夏の甲子園大会がはじまるというある日は、太陽が照り付け、外気温は四〇度を超え、蝉だけが「これでもか」というほどに元気よく鳴いている猛暑日でした。私は友人の池谷弘子と、静岡県の浜松球場の向かいにある惣菜屋「知久屋」にいました。池谷弘子というのは私の古い友人であり、この年、春の甲子園大会に出場した静岡高校の池谷《いけや》蒼大《そうた》の母親です。

池谷蒼大は、最速一四四キロの速球でプロからも注目された左腕投手です。高校野球最後の夏に、池谷は無念の一二失点、準決勝で藤枝明誠高校に破れて、惜しくも夏の甲子園大会への出場を逃しました。これから忙しくなるはずだった球児の夏、そしてその母親の夏、このような時期に、私と一緒に彼女がここにいることに違和感さえ覚えました。

この日、野球の練習に参加する子ども（中学三年生）を送迎するために私は浜松球場にやって来たのですが、その練習を私と一緒に見学するために弘子もここまで来たのです。

弘子とともに、最初は惣菜屋でお弁当を買って、スタンドで食べながら練習を見ようかと思っていたのですが、エアコンのきいた店内に入ったとき、あまりにも快適で「すまない、ここで食べていくよ」と心の中でつぶやいてしまいました。

店には購入したお弁当を食べられるスペースがあるのですが、時間帯のせいもあって店内にいる客は私たちだけでした。子どもたちはというと、今朝、持たせたおにぎりを、それぞれが日陰を見つけて食べているはずです。この暑さでは、食欲だってわいてこないでしょう。私は購入したお弁当を席に運びながら、弘子に向かって今感じている罪悪感を口にしました。

「なんだか、ここで食べていくのが申し訳ないね、子どもたちにはもちろんだけど、ほかのお母さんたちもこの暑いなか、みんなスタンドで見学しているんだよね。すごいね」

セルフサービスのお茶をグラスに注ぎ終えた彼女は、それを持ってテーブルに向かいながら声を高くして、

「そりゃあ、すごいさ！　野球母ちゃんたちだもん！」

と、当然のように答えたのです。

「野球母ちゃん」……そう言った彼女の顔に、一瞬誇らしげな笑みが浮かんだことを私は見逃し

プロ野球にも使用されている浜松球場

ませんでした。そして、なぜだかその響きがとても印象的で、心に残りました。向かい合って座った私たちは、お弁当を食べながら、何となく「野球母ちゃん」について話しはじめていました。


「夏は眩《まぶ》しくて、眉間にシワがよるよね」

「おまけに、エラーをしたらさらにシワがよる！」

「そういえば、母ちゃんたち、やたら洗濯の話には熱いよね！」

「やっぱりウタマロ⁉」

「ウタマロを知らない母ちゃんはいないね」

「引退か……もう、汚れたユニホームをこすらなくていいんだね……」

「…………」


こんな、たわいもない話を笑いながらしているうちに、いつしか二人は泣いていました。

「野球母ちゃんか……」

私はこのとき、全国にいる野球母ちゃんたちと気持ちを分かち合いたくなり、何かに書き綴ることを決めたのです。まずはブログをスタートさせ、エピソードを書き進めていった結果、本書の出版につながりました。

早朝五時に起きても「寝坊」だという過酷なスケジュールが毎週末にあります。そんな野球母ちゃんを、誰かが褒めてくれるということがあったでしょうか。スポットライトが当たらない、そんな野球母ちゃんたちを労う気持ちを込めて執筆しました。タイトルは、ずばり『野球母ちゃん』です。甲子園球児を育てた母親の貴重な経験も、池谷弘子という野球母ちゃんを通して紹介していきたいと思います。

「もくじ」を開いただけで頷いてくれる野球母ちゃん、いえ、野球にかぎらず子どもの部活動を支え、成長を見守り続けたお母さんたち、さらには、野球母ちゃんたちがあまりにも強烈すぎて、入っていくことに戸惑ったお母さんたち、これから野球母ちゃんになるお母さんも一緒に笑っていただき、そして、ちょっぴり涙しながら読んでいただけたら幸いです。

もくじ

田舎の少年野球チームから私の野球母ちゃんがはじまった

第3章 卒団 37

第4章 中学野球 49

第5章 選抜チーム 73

お姫様だっこをしてもらう母ちゃん

野球母ちゃん——そのパワー侮るなかれ

第1章

野球母ちゃん、デビュー

日焼けが気になる母ちゃん

少年野球への入部

小学生までの軟式野球を正式には「学童野球」と言いますが、私たちは「少年野球」と呼んでいます。いわゆる、地域のスポーツ少年団です。これは、スポーツを通して子どもの心身の育成や地域での交流を目的とし、日本体育協会が推進しているものです。各チームが野球連盟に所属するそれぞれの支部に登録をして、その組織のなかで活動をしています。

私には子どもがいないのですが、ある年の夏休みから、小学校二年生の「野球母ちゃん」としてデビューすることになりました。私の弟は父子家庭のため、実家の母親が小学二年生になる孫の生活をサポートしていたのですが、「七〇歳を過ぎたおばあちゃんに少年野球の母親役まではとてもこなせない」と言い、叔母である私にその役目が回ってきたのです。

初めはお弁当や水筒の準備、汚れた練習着の洗濯くらいだと思っていたのですが、母が言うには、

「それくらいなら私がまだやれるんだけど、車当番とかね、お茶当番だとか、お母さんたちにも役目がいろいろあって大変みたいなのよ……」

と、自分なりに集めた情報のことを思って困惑していました。

そうか、母は運転免許をもっていないから、それが不安なのだろう。私は送り迎えくらいでいいみたいだな——そのときの私は、さらに簡単に考えて、次のように言って引き受けたわけです。

「大丈夫、本人がやりたいって言うのだから、私が責任をもって送り迎えをするよ」

何より、甥が野球をやりたがっているのだからやらせてあげたい。そのためにも、できるだけ協力するべきだ、とも考えていましたが、まさかここから長い野球母ちゃんの旅がはじまることになろうとは、このときの私は夢にも思っていませんでした。

早速、私は野球の練習グランドに行き、聞いただけでは分からない道具を間違えないように自分の目で確かめることにしました。ベンチの隅に揃えて並べられていたエナメルバック、そして折り畳みのアウトドア用テーブルの上に並べられた大きな水筒、それには子どもたちの名前がそれぞれ書かれていました。

子どもたちが着ているものは白い上下の練習着、そのほかバット、グローブ、ソックス、そしてスパイク。私がそれらをメモしている

並べられた野球道具

並べられたエナメルバック

と、ちょうど休憩時間となりました。高学年の子どもがベンチにいる私に気がつくと、帽子をとって大きな声で、「こんにちは！　お願いします！」と挨拶をしてくれました。それに続いて、小さな子どもたちが側まで駆け寄ってきて帽子をとり、一礼をしながら代わる代わる挨拶をしていくのです。背丈が私の半分ぐらいしかない子どもたちに圧倒されるような気持ちになり、私はずっと頭を下げ続けました。

「準備しなければいけないものがわりと多いですね」

メモを見ながら、ベンチにいる保護者らしき男性に私は声をかけました。

「初めからすべてを揃えなくてもいいですよ。チーム内のおさがりも回せますから」

と言われて、少し安堵したのも事実です。

私の住む地域は、政令指令都市浜松市といっても山間部の過疎地です。人口のほとんどが高齢者という環境ですから、部員数が少ないこともあってチームの関係者は甥の入部には大歓迎で、野球のことがさっぱり分からない私に対してとても親切でした。

そして、お母さんたちは、先ほどの男性の言葉どおり、子どもが成長したために着られなくなった練習着などを新入りの後輩に回してくれたのです。のちに紹介しますが、ほかのお母さんたちの「野球母ちゃんデビュー」への不安感のことを思うと、私の場合はとても恵まれた状況であったと思います。

いよいよ次の週末です。ブカブカの練習着を身に着け、大きなエナメルバックを肩にかけ、グランドに出掛けていく甥の姿は、いつもより愛らしく私の目に映りました。チームメイトに比べて身体が小さく、ランニングをしてもついていくのがやっとという感じで、一番後ろを転がるように走っていました。

ついこの間までは私とゴムボールでキャッチボールをしていた子どもが、威勢よく上級生の後をついていく姿を見て、親でなくとも熱くこみ上げてくるものがありました。

入部してから分かったことですが、少年野球の場合、保護者の手伝いや参加が必要とされています。監督やコーチもボランティアで週末の休日を潰して子どもたちに教えてくれるわけですから、月謝がいる習い事のように子どもを預けて「送り迎えのみ」というわけにはいきません。

子どもが入部するということは、父兄は自動的にチームの運営員となるわけです。時には、保護者にもマネージャ

ブカブカのユニホーム姿

ー的な仕事やサブコーチ的な仕事も要求されます。お父さんたちは低学年の子どもの練習につき、お母さんたちは子どもの水分補給など、見守り役をしているようでした。

もちろん、週末に仕事が休めないという保護者もいますし、兄弟がいると、ほかの部活に入っている場合もありますから、野球だけに集中するわけにもいきません。父母が交代でグランドに現れる姿を見ていると、みなさん、大変な気苦労もあるのではないかと推察されました。

さらに、野球連盟に登録するからには、支部員をチームの保護者から選抜し、支部における大会の運営など組織的な役割も担うことになります。言うまでもなく、父母会長や支部員になると、その負担はかなり大きなものとなります。それらの不安もあり、父兄のなかには少年野球への入部をためらう人もいるようです。

私はというと、これまで子育てをしたことがありません。だから、何の予備知識もなく飛び込めたわけです。みなさんのご苦労も知らずに、毎週、観客のように必ず練習を見に行きました。ただ、それだけのことなのですが、そんな私のことを熱心な保護者だと思った人がいたようで、周囲の人から意外な好評価をいただき、驚いたことがあります。

もちろん、それはみなさんの大きな誤解です。自分としては、小さな甥が心配なだけだったのです。言ってみれば過保護な叔母であり、何をするにも彼の姿を見つめていないと心配で、重そうな荷物を持ってあげ、着替えにも、片づけにも、手を差し出していました。子育ての経験がない私にとって、このころはもっとも「野球母ちゃん」から遠い存在だったと言えます。

その後、自分の子どもだけではなく、チーム全体の野球母ちゃん、手を差し伸べたくてもじっと我慢する野球母ちゃん、サポートしなければならない場面では男勝りに全力投球する野球母ちゃんの姿を知っていくことになります。

大人が手を貸せば早い、口も出したい、でも見守る野球母ちゃんたちには、「心で泣いている」ということもたくさんあったことでしょう。そんな厳しい母ちゃんの姿や、母ちゃん同士の結束については、デビュー仕立ての野球母ちゃんには理解しがたい部分があるのです。

ほかにも、審判、スコアラー、試合運営など、保護者の役割が多くて大変ですから、初めは戸惑います。でも、みんなの目的は同じなのです。思い切ってそこに飛び込んでみると、数年後には違う景色が見えてくるのです。

部活ではない「少年野球時代」は、野球母ちゃんとして一番負担が多い時期となりますが、子どもと一番近くにいられる時間でもあります。「苦労も含めて、楽しみながら頑張ろう」と今では言えるようになりました。何といっても、子どもと一緒にいられる時間は、この先かぎられていますから。

それにしても、やっぱり野球の道具ってお金がかかるよなあ!!

野球母ちゃんのファッション事情

数年前に突然現れた「カープ女子」、広島東洋カープの好成績も手伝ってマスコミによく登場します。しかし、お揃いのTシャツで応援する元祖は、ひょっとしたら野球母ちゃんではないかと思っています。

野球母ちゃんたちのファッション事情を振り返ると、独特な印象があります。そう、チームカラーのお揃いTシャツなのです！　なかには、日焼けを気にせず、袖を肩までまくり上げている母ちゃんもいれば、どうしても恥ずかしくてお揃いのTシャツに抵抗を感じてしまう母ちゃんもいました。

私はといいますと、チームTシャツの賛成派でした。なぜなら、その場に適している高価なスポーツメーカーの洋服を持っていなかったし、試合のたびに何を着ていくのかと迷う必要がないからです。元来、ずぼらな性格の私には、お揃いのTシャツにジーパンという姿は「正直、助かる」というところです。

また、対外的なアピール要素として団結感を表すことができますし、ほかのチームの父兄から運営スタッフとして声をかけやすいというメリットもあります。チーム的には看板の役割にもなるので、応援マナーなどにおいて気をつけなければならいということも自覚できました。

とはいえ、それでなくても野球の道具にはお金がかかりますから、Ｔシャツまで揃えて購入しなくてもいいのではないか……という家庭ももちろんあります。価値観や好みが分かれる場面となりますが、ほとんどのチームの父兄が揃いのＴシャツを着ていたので、わがチームもそれに倣いました。

野球母ちゃんのファッションは、タオルを首に巻き、バッグは斜め掛けかリュックサックというスタイルがほとんどです。なぜなら、両手を空けておく必要があるからです。個人の荷物だけではなく、チーム全体の荷物も多く、お茶当番ともなるとドリンクが満タンに入った重たいウォーターサーバーやコップセットも持つことになります。

それ以外にも、日よけテント、椅子、テーブルなど運ぶものがたくさんあります。とくに、試合が終わると次の試合のチームに譲るため、急いでベンチを空ける必要がありますから、母ちゃんたちはたくさんの荷物を抱えて大移動をしなければならないのです。

夏の暑い日に日傘も差さず、また雨が降っても傘を差さずにいることが多い母ちゃんたちの髪は、気がつくとリカちゃん人形のように固くパサパサになっています。そして、翌年には必ずシミやソバカスが濃くなっていることを嘆き、鏡の前でムンクの「叫び」のポーズを繰り返します。

また、太陽の眩しさと息子のエラーによって増えた眉間のシワを見て、さらにその嘆きが大きくなります。

気に入った洋服を着たくて最後にダイエットに挑戦した日はいつのことやら、自分の体重よりも息子の体重ばかりが気になり、おかずをたくさんつくれば余ったものを自分で平らげてしまう始末、試合の進行具合がまちまちなので食事時間は不規則となり、コンビニに寄る頻度も多くなってしまいます。

そう、息子の野球のためだからといって、自らの美容に関しては言い訳だらけの母ちゃんたちですが、身体のケアをする時間よりも、少しでも眠る時間が欲しいというのが本音です。開き直ってガサツになっていき、時にはご主人からあきれ顔をされたりもします。

母ちゃん達の大移動

お酒のCMで、女優さんがアイスピックで氷を割るというシーンがありましたが、テレビに映るあの美しい手より、子どものために汗をかきながら氷を割っている母ちゃんの荒れた手のほうが素敵だと、私はお父さんたちに向かって大声で叫びたくなります。

そんな彼女たちの唯一のお洒落、それはアームカバーです。日焼け防止のアームカバーに、みんなこだわりがありました。見た目のデザインはもちろんのこと、ＵＶカット力の強いものを選んでいます。

ところが、残念なことに、どんなにＵＶカットをしていても、また、たとえ日陰にいたとしても、なぜか日焼けをしているというのが常でした。きっと、知らない間に身体を動かしてしまっているのでしょう。念入りに顔に塗りたくった日焼け止めだって、気がついたらすっかり汗で落ちてしまっているのです。

少年野球チームは、そんな勇ましい野球母ちゃんたちばかりでしたが、少年野球を卒団し、のちに子どもや運営に手がかからなくなった中学校の部活に入ったころ、私は新しいタイプの野球母ちゃんに出会いました。

鍔《つば》の広い帽子、サングラス、長袖シャツ、日傘を差したという「日焼け完全武装」というかなり怪しげな母ちゃんです。どのチームにも一人くらいはいるというそんな野球母ちゃんのことを「サスペンス劇場の謎の女」と名付け、本人ともどもチームの個性として楽しんでいました。

サスペンス劇場の謎の女

こんなサスペンス母ちゃんのお化粧が似合う色白の肌を見てしまうと、つい長袖を着て、腕を隠したくなることもありました。そう、野球母ちゃんもやっぱり女性でいたいのです。こんな女性の願望が、「今年は私もサスペンス母ちゃんとしてデビューしようか」と夏が来るたび言わせるのですが、そんな母ちゃんにかぎって、毎年、夏には真っ黒になって袖をまくっていました。もちろん、ずぼらな私も！

ベンチデビュー

試合に出られない子どもたちでも、ベンチの中でちゃんと試合に参加をしています。どんな役割があるかというと、ボールボーイやバット引きなどです。どちらも、試合を円滑に進めるためには重要な任務となります。

ボールボーイ、つまり球拾い。相手チームのボールボーイに負けないようにひたむきにボールを拾うために走る低学年の子ども、その無垢な姿には感動します。

あるとき、一人の母ちゃんが言いました。

「ねえ、審判さんて、みんな顔を隠しているし、身体がすごく大きくてマッチョじゃん。子どもたち、怖くないかな？」

応援席でそれを聞いていた父ちゃんたちは苦笑い、そして母ちゃんたちは大笑いです。いやいや、審判員はわざと顔を隠しているわけでも、特別マッチョなわけではないのです。審判員は必需品の面をかぶり、シャツの下にはインサイド用のプロテクター（防具）を身に着けているのです。そのため、より大きく見える審判員に、タイミングを計ってボールをわたしに行く小さな子どもの姿はとても愛らしく見えるのです。厳しい表情の審判員さえ、面の下で「頑張れよ」と顔がほころんでいるのではないでしょうか。

一方、バット引きとは、同じチームの打者が使ったバットを速やかにベンチに引き上げるという役割です。わが甥っ子はこのバット引きで試合デビューを飾り、しばらくはそれ専門の選手でした。

ベンチの選手には、ほかにもいろいろな役割があります。声を出して選手を励ましたり、試合に出ている選手にタオ

小さなボールボーイ

ルやドリンクをわたしたり、とさまざまです。とはいえ、部員数が少なく試合経験も少ないわがチームのこと、ベンチに入っているのは、ついこの間まで幼稚園児であった小学生の低学年です。なかなか自分の判断ではうまくいきません。試合によっては、ベンチで子どもの補助をする女性が「ベンチワーカー」（一人だけ）として入ることが許されました。さあ、ここで野球母ちゃんの出番となります。

　ベンチワーカーとしてベンチに入った野球母ちゃんは、レギュラーメンバーの面倒を見るのではなく、ベンチで試合をする「ベンチ選手」が役割を忘れているときに、ギリギリまで待ってからそっと指示を出します。

「ボールボーイ、走れ！」

「バット引きは誰かなぁ？」

「声が聞こえないよ」

「ピッチャーにおしぼりわたして」

「打順を言ってあげてないぞ」

　このようなことを言い、大人がやってしまったほうが早いのではないかと思うことを子どもたちに指導しているのです。

　時には叱り、時には褒めて、試合が終わると「よし、みんなの力で戦ったよ」とベンチ選手に声をかけます。すると、ベンチ選手たちも嬉しそうな笑みを浮かべるのです。ベンチワーカーをこなせる母ちゃんと子どもたちの間には、試合ごとに信頼関係が強くなっていくことが端から見ていても分かります。

そして、すでに外野手デビューを果たしている甥に遅れて、いよいよ私のベンチワーカーのデビュー日がやって来ました。初めてとなったその役割は、補助係ではありませんでした。じつは、ベンチワーカーのほかにもベンチに入ることができる女性がいるのです。ゲームのスコアをつける役割、そう「スコアラー」です。

ルールも分からなかった私にスコアラーが務まるのか？　できるようになるまで、かなり奮闘しました。プロ野球や高校野球を録画して、それを観ながらスコアをつける練習を続けたのです。何とか形になるだろうと思っていましたが、ベンチデビューの試合当日、「詰めが甘すぎる」と思い知らされることになりました。私がスコアを付けなけれ

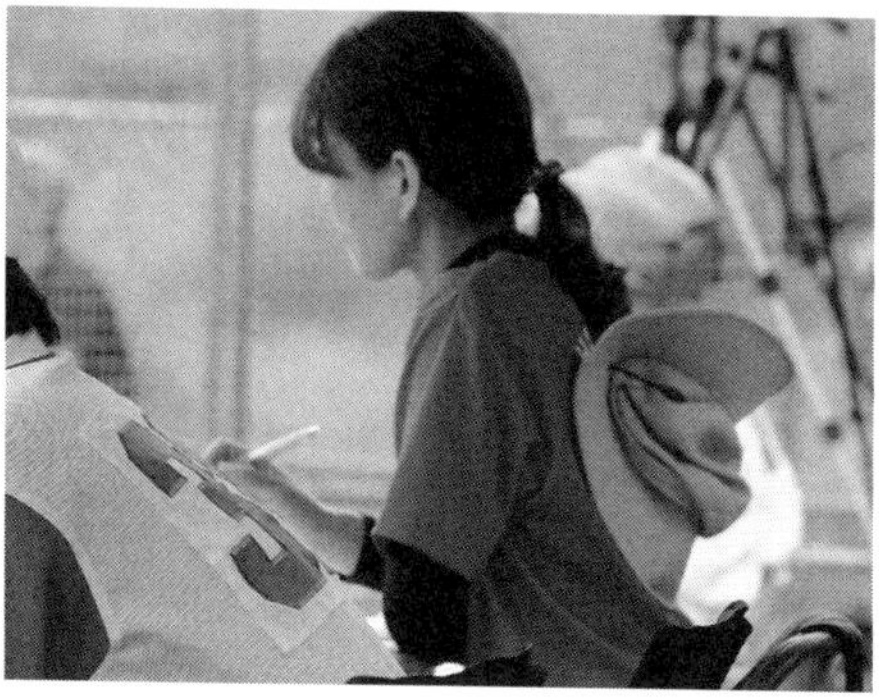

ゲームの展開についていくスコアラー母ちゃん

ばならない試合は、そう、プロ野球や高校野球ではなく少年野球だったのです。

何が起こるのかなんて予測不可能なハチャメチャな展開が起こり得る、というのが少年野球なのです。盗塁、エラー、暴投……わがチームのような未熟なチームほどいろんなことが起こりますから、とてもついていけません。ついには、起こったことをそのままメモしておくということになりますから、とてもスコアブックと言えるようなものではなく、真っ黒なメモ用紙状態でした。

野球には打順、背番号、守備位置番号があるので、私の頭の中ではたくさんの数字が混同してしまうことは当たり前——こんな具合ですから、選手が交代するときに審判員が守備位置を番号ではなく守備名で言ってくれたり、ストライクとボールの判定などをはっきり叫んでくれるとずいぶん助かりました。

こんなレベルのスコアラーでしたから、監督やコーチにはかなり迷惑をかけたと思います。手に汗握るデビューとなりましたが、子どもとベンチの中にいるという体験は永遠に忘れることはないでしょう。

攻撃に代わり、守備位置から走ってベンチに戻ってくる子どもたちの顔、チームを応援する子どもたちの顔、監督やコーチの指示を真剣な表情で頷く子どもたちの顔——これらは、ベンチにいるからこそ見られる子どもたちの表情です。スコアを付け続け、ある程度ルールが分かるようになると野球がいっそう楽しめるようにもなりました。

冷や汗をかくような失敗もしましたが、過ぎてみれば何事もよき思い出となっています。子どもたちも、こんなふうに緊張してさまざまな「初めて」を体験しているのだと思うと、爽やかな気持ちで頑張れるものです。それを証明するエピソードが数年後にありました。

大きな球場で、アナウンスデビューを果たすことになったのです。プロ野球の試合で知られている、「ウグイス嬢」と呼ばれる役目です。連盟が主催する公式の大会では、各チームが交代で運営当番を任され、父兄には駐車場係、進行係、得点、審判などの役割が振り分けられるのです。そして、会場が大きいときは放送席があり、ウグイス嬢が必要になります。

子どもも「初めて」を体験する

打順やメンバー交代のアナウンスは球場内に響きわたりますから、失敗はもちろん、ウグイスならぬ「カラス声」は隠しようがありません。野球母ちゃんたちは、普段はカラオケマイクを奪い合うくせに、このマイクだけは激しく譲り合っています。もちろん、私も同じです。

どうか、その係だけは回ってきてほしくない、勘弁してほしい、と思っていましたが、とうとう私に当たってしまったのです。往生際が悪く、逃げ出したい気持ちで放送室のマイクの前に立ったとき、アナウンス席の窓から見えた甥の姿に勇気づけられ、覚悟を決めて席に座りました。心の中でガッツポーズをして、緊張を吹き飛ばし、アナウンスにのぞみました。バット引き専門だったあの甥が、初めて公式試合のマウンドに、胸を張って立っていたのです。

第2章

母ちゃんは応援団

審判より先にセーフの判定をする応援母ちゃん

母ちゃんの声援

ある試合の日、いつものように応援をしていると、グランドのある河川敷で犬の散歩をしていた年配の男性がこちらに近づいてきて言いました。

「さっきから見ているけれど、今のお母さんたちは野球のことをよく知っているね、感心するよ」

時々、野球母ちゃんたちはこのように褒めてもらったりもしますが、褒められることに慣れていないせいか、みんな戸惑って黙り込んでしまいます。おしゃべりな母ちゃんを黙らせるには、褒めるのが一番かもしれません。甘い言葉と甘いお菓子は、みんな静かに味わうのです。

この男性は、若いころに野球の監督をしていたとのことです。こんなふうに野球の試合に出合うと、つい、立ち止まって観戦してしまうのだと言っていました。そんな男性ですから、思わず質問したくなりますよね。

「わがチームの子どもたちはどうでしょうか？　そのなかでも、あの、背番号6番の子（自分の息子）はどうですか？」

本当はこのように聞きたいのですが、それをぐっと堪えて飲み込みます。もし、「あの子、うまいね」なんて知らない人に褒められたりしたら、自分が褒められた先ほどよりもずっと嬉しい気持ちになり、浮かれて赤面してしまうことでしょう。そそくさと、さも何もなかったように振る舞い、視線を男性からグランドに戻していました。

ところで、野球母ちゃんたちが本当に野球をよく知っていると思いますか？　それは、まったくもって気のせいです。「タッチアップあるよ！」とか「スクイズ！」なんて言葉を一人前に叫んでいるからそんなふうに見えるのかもしれません。もちろん、なかには女性でも審判員ができそうなほど詳しい人もいますが、少なくとも私は野球のことをいまだによく分かっていません。

とくに、初めのころはひどいものでした。チームの応援席にど
かっと座る母ちゃんたちが拍手をしたとき、それを見て慌てて手を叩くのですが、グランドで何が起こっているかはよく分かっていなかったのです。観戦回数を重ねることによって、どんなふうに声を出して応援したらいいかというタイミングをつかんできたのです。

それにしても、「ナイス」という言葉は、いつでも使えるよい単語で重宝します。次の塁に走れば「ナイスラン！」、ボールにくらいつけば「ナイスファイト！」、とにかく「ナイス」という言葉は便利に使えるので私の口からもよく飛び出しました。

少し経歴の長い母ちゃんになると、「ナイッセン！」と声かけをしていました。いったいどういう意味なのでしょうか。バッターボックスに入っている選手が、ボール球を見極めてバットを振らずにいるとき、このように声をかけるのです。

実際の意味は「ナイス選球！」ということなのですが、私は「ナイス千里眼！」だと勝手に解釈して一緒に叫んでいました。

声援では、面白い特徴にも気がつきます。審判員やほかのチームの父兄に会うと、母ちゃんたちは声のトーンを高くして「お願いします」と挨拶をするくせに、自分のチーム側の応援席に入ると、一〇〇パーセント低い声で「オヤジ言葉」となっているのです。子どもたちに向かって「声を出せ！」と叫んでいる母ちゃんの声が一番グランドに響きわたっていますし、「落ち着け！」と叫ぶ母ちゃんが一番そわそわしています。

こんな母ちゃんもいます。

「集中！」と叫ぶ母ちゃんはまったく試合に集中していないようで、「今、何回？　今、何回？」と同じ質問を繰り返していました。また、子どもがエラーをしたときに「何やってるんだよ！」と叫ぶ母ちゃんは、これまでのゲーム

ナイッセン！

展開を一番分かっていない場合が多いものです。

そうかと思えば、盗塁が成功したとばかりに「セーフ！」と叫んで大喜びした母ちゃんは、同時に「アウト」と叫んだ審判員への気まずさを掻き消すように「なんで？」と声に出し、根拠のない抗議をブツブツとつぶやいています。そして、「気持ちを切り替えて！」とグランドに向かって叫ぶのですが、その切り替えが一番できていないのがこの母ちゃんなのです。

また、ついさっき、「ホームラン打ったらゲーム買って」と言う子どもに、「そんな交換条件はいらないの！」と叱ったばかりの母ちゃんが、「打ったら焼肉！」と声をかけていました。さすが親子、と言える声援に、本人たちは気がついているのでしょうか。

こんな野球母ちゃんたち、時間とともに野球用語が習慣づいてしまい、普段の生活でもそれが飛び交うことになります。いつのことだったか、朝の準備に遅れて慌てて集合場所に行くと、すでにみんなが集まっていました。母ちゃんの一人がふざけて審判員を真似て拳を振り上げました。そして、私に向かって「アウト！」と判定したのです。

野菜を見分けてナイッセン！

早朝から、かなりのハイテンションです。

そうかというと、こんなこともありました、試合に負けて落ち込んでいる母ちゃんに励ましの言葉を伝えると、「その言葉、心にストライク」と言って泣き出してしまったのです。一方、はっきりした物言いをすると、「直球なんだから……」とすねてしまいます。私はというと、そんな野球母ちゃんのことを他人事のように笑って見ていました。

ところが先日、スーパーで買い物をしていたときのことです。形のよい野菜を上手に見分けることができたとき、私は心の中で「ナイッセン！」とつぶやき、自画自賛していました。

母ちゃんには見える！「野球の神様」

ほとんど毎週のように試合がある少年野球にとって、お天気はかなり重要なこととなります。雨が降ったりしたら、試合は延期もしくは中止となります。当日、雨がやんでいても、前日に降った雨のせいでグランドが乾かずに試合ができないこともあります。学校行事や地域の行事と重ならないようにスケジュール調整をして予定が組まれているため、監督、コーチ、保護者はもちろんのこと、主催者側もできるだけ予定どおりに試合を行いたいので、延期や中止の連絡はギリギリまで待つことになります。

ある日の試合当日、微妙な小雨が降っていました。それ以上に、前日から長く降り続いた雨のためグランドコンディションが相当悪いだろうと予想されました。さらに、当日の天気予報も一日を通して雨となっていました。

それでも母ちゃんたちは、いつもどおり早起きをしてお弁当をつくり、ウォータージャグにお茶や氷を用意しました。試合会場に着いてから、「本日は中止」と言われることも珍しくありません。こんなときでも、母ちゃんたちは「連絡が遅すぎる」などと文句を言いません。何と潔いのでしょうか。いや、そうではありません。じつは、一番あきらめの悪いのが野球母ちゃんなのです。

前述した理由からお天気に敏感な母ちゃんたちは、まるで気象予報士のように天気について解説をします。ところが、気象についての知識をさんざん語ったあとでも、自分に都合の悪い予報は信じようとしないのです。

そうです！　母ちゃんの見上げる空には「野球の神様」がいるのです。空を見上げては晴れを祈り、延期になったほうがよい状況のときには雨ごいをすることもあるのです。信心深さとはほど遠い母ちゃんたちですが、「野球の神様」の存在だけは本気で信じているのです。

神様は空だけではありません。晴れた日のグランドにもいます。たとえば、自分の子どもがバッターボックスに立つと、宗派はもう関係ありません。目を閉じて、胸の前で十字をきったり、合掌をしたり、柏手を打ったりする母ちゃんの姿をしょっちゅう見かけます。さらには、チームの子どもがフライを打ち上げてしまうと、相手チームの野手に対して、大人気なくも「落とせ！　落とせ！」と心の中で怪しい呪文をかけているのです。「自分が見ていないときにかぎって打つことが多いんだ」と、勝手なジンクスをつくって息子の打順が来ると席を離れるという母ちゃんもいます。そうかというと、点差が開いて試合の雲行きが怪しくなると、「初回に戻れ！」と得点ボードを見つめて時間を巻き戻そうと念じるのです。あの緑色の得点ボードにもきっと神様がいるのでしょう。

　私は、こんな野球母ちゃんのひたむきさが大好きです。勝ちたい、勝たせたい、勝ち進みたい！

七夕の赤い短冊

ピンチのときは神頼み

試合に出掛ける子どもを「行ってらっしゃい」と見送る回数は勝ち進んだ数、多ければ多いほど嬉しいものです。もちろん、子どもたちの喜ぶ顔を何度も見たいのです。

町内の七夕祭りの夕方、ある野球母ちゃんの家の前を通りかかったとき、てるてる坊主と一緒に揺れていた赤い短冊が目に入りました。そこには、次のような願い事が書かれていました。

「一日でも長い夏になりますように……」

天然母ちゃん

母ちゃんたちだって働いていますから、週末に仕事が入ることもあり、いつも応援に行けるわけではありません。こんなときの試合当番は、チーム全員の「母ちゃん」という役目を果たしてくれる頼もしい存在となります。それゆえ、自分が行けないからといってわが子のことを心配する必要はないのです。

ところが、どんなに忙しくても、遅れても、可能なかぎり試合会場にやって来るという母ちゃんがいました。この熱心さから、アクティブで体育会系の母ちゃんを想像するでしょうが、まったく違っていました。どちらかというと、彼女は運動音痴で、野球のルールもほとんど分かっていません。どれくらいかと言いますと、バッターボックスに立った彼女の息子に向かって私たちが声援を送ったとき、「ほら、みなさんにちゃんとご挨拶をしなさい！」と、試合中の息子に向かって注意をするくらいの「天然ぶり」なのです。

さらに、方向音痴で車の運転も苦手な母ちゃんです。しかし、遅れるときは自分が運転するしかありません。遠方の会場で試合が行われたり、近くても場所が分かりにくい場所であったりすると、かなり大変なことになると推察できます。

じつは、私も運転が苦手で、知らない道を行くのは不安なため、誰かの後をついていくか、仲間にお願いをして乗り合わせて行くようにしていました。それゆえ、彼女の気持ちがよく分かるのです。

天竜川の河川敷に広がるグランド

秋晴れのうららかな朝、練習試合に向かう集合場所でその母ちゃんはみんなを見送りました。

「私、午前中どうしても仕事を休めないから、遅れて行くね」

その日、試合当番だった私は、会場の場所を彼女に詳しく説明しました。真剣な表情で聞いていた彼女ですが、私にはなぜか不安が残りました。自分が的確な説明ができたのか……と自信がもてなかったのです。

堤防道路から天竜川の河川敷を見下ろすと、そこには北から南まで何面ものグランドが並び、休日には野球やソフトボール、サッカーの試合などで市民に広く利用されています。グランドにはアルファベットと数字の案内があるだけで、分かりやすい目印などがありません。今日の会場は、そんな場所だったのです。

「ウサギとかネコとか、動物の看板でも付けてくれたら分かりやすいのにね……」

かつて、ミッキーマウスとキティちゃんの絵の区別がつかないおおざっぱな母ちゃんが言った言葉を思い出します。事実、彼女でなくても誰しもがしばしば間違えるといった場所でした。

「思ったより早く終われそうだから、今から向かうね」

第一試合の途中、彼女のことを気にしていた私のスマホにこんなメールが届き、「第二試合は初めから観戦できるね」と返信をしましたが、この日は一〇月の三連休、途中にある河川敷のグランドではたくさんの試合が行われていました。

気をもみながら待っていたのですが、第二試合がもうすぐはじまるというのに彼女は現れません。案の定、会場を間違えてしまっていたのです。

しかし、周囲から「天然」と呼ばれる彼女の凄いところは、着いた会場が自分たちのチームの試合会場でないことにすら気がついていなかったのです。確かに、子どもたちのユニホーム姿は、みな同じように見えてしまうのですが、シートノック中、彼女は一人の少年を見て自分の息子だと思い込み、外野のほうからじっとその姿を追いかけていたのです。

これから試合がはじまるというので、みんながいると思っている応援ベンチに手を振りながら近づいて行ったとき、わが子だと思っていたその子どもは別人で、保護者席には知った顔が一つもないことにようやく気づきました。

そう、そこは別のチームのベンチ、別の試合会場ですから当然です。バツが悪く、その場を立ち去った彼女、その場所より南側にいる私たちの所へなんとか辿り着き、無事に試

勢揃いした応援団旗

合は観戦できました。試合後、「遅れてきたから」と言って、率先して後片づけをする彼女の姿がありましたが、団旗を外しているとき、名案が浮かんだように目を大きく見開いて言いました。

「ああ、団旗ね、団旗！　これからはそれを目印にしたらいいわね！」

それからというもの、この母ちゃんは、みんなが会場を間違えないようにと、団旗を掲げる作業を進んで行うことになりました（ほかの人は誰も間違っていないのですが……）。

こんなこともありました。

ナビゲーションの目的地を試合会場に設定したのですが、うまく機能せず、会場付近を長い間さまよっていたというのです。その日、試合が終わるころにようやく会場に現れ、到着するまでの経緯を興奮気味に説明するのです。どれだけ不安であったのかが、その様子からも伝わってきました。

「川の向こう岸にナイター用の大きな照明が見えているから、その下にグランドがあるのは分かるんだけど、そっちへ行く橋がね、どうしても見あたらなかったの」

川を渡ることができず、付近をさまようちに、会場に近づくどころか目印のナイター照明が見えなくなり、どんどん遠のいてしまったというのです。そこで彼女は、車を停めてスマホでチームのメンバーに連絡を取ったのですが、誰も電話に出なかったのです。

彼女の話を聞き、はっとして母ちゃんたちはモゾモゾとバックからスマホを取り出しました。

確かに、「誰か気がついて！」といわんばかりの着信履歴がみんなのスマホで確認できました。

試合に夢中になっていると、着信に気づかないというのはしょっちゅうです。「何があるか分からないから、お互いにいつも気にしていようね」と何度も誓い合うくせに、毎回こんなことが起きています。

「運転中は誰とも口をきいていないでしょ、一人だったからね、不安だったのよ。だから、車のナビに優しく声をかけられると嬉しくてね……」

急に涙ぐんで話を続けた彼女ですが、それを聞いたみんなは堪えきれずに噴き出してしまいました。到着してエンジンを止めたとき、「長時間の運転、お疲れさまでした」というナビの無機質な女性の声が流れた途端に涙が出てきたというのですから、本人の気持ちなどお構いなしに笑いが止まりませんでした。

じつは、この母ちゃんの息子は、その日も試合に出してもらえませんでした。それでも、彼女はその真面目な気質から応援にやって来ます。無理をしているのではないかと感じられたので、「こんな日は、みんなに任せてもいいよ」とチームの一人が声をかけると、「そのことは苦痛ではないけど、自分が遅れるばかりに心配をかけることのほうが辛い」と答えていました。

この日から数週間後のことです。天然母ちゃんの息子は、母ちゃんが縫いつけたであろう、少し斜めに歪んだ背番号をつけてバッターボックスに立ち、初ヒットを打ちました。この日、母ち

ゃんは試合に遅れることなく、息子の勇姿を見届けたのです。ヒットを打った瞬間、全員が彼女のほうを向いて、

「よかったね、今日は遅刻しなくて！」

とハイタッチをすると、

「ありがとう！　そうなの、私がいない日にかぎって息子が試合に出してもらえるかもしれないじゃない。もしかしたら、ホームランを打つかもしれないじゃない。そう思うと、じっとしていられなかったのよ」

そう、彼女は息子が活躍する姿を妄想し、いつも胸を膨らませ試合会場に向かっていたのです。その日の試合は負けてしまいましたが、グランドと母ちゃんたちの心にはいつも以上の爽やかな風が吹いていました。

第3章

卒団

卒団式でユニホームを返還する卒団生

母ちゃんだって野球部員！

「父兄各位」……学校や野球部の「お知らせ」を受け取ったとき、この宛名に疑問を感じたことがありませんか？

「ねえ、父兄各位ってしっくりこないわよね。そうそう、『母』という字を大きく太文字で入れて欲しいよね」

卒団式の案内を受け取ったとき、こうつぶやいた野球母ちゃんがいました。その母ちゃんによると、卒団するまでどんな配布物も読むのは自分であり、父親や子どもは自分のことを「しゃべる覚書のメモ用紙」だと思っているのだとか。いや、本気で言っているわけではありませんが、野球が男性的なスポーツに感じられて、頑張っている母ちゃんたちはちょっと寂しいのです。

年度の公式試合がすべて終わり、いよいよ六年生がチームを卒団するという日、穏やかな冬晴れの乾いた空の下で卒団式が行われました。わが家は、小学校二年生からはじめた野球です。今、少年野球時代を振り返ってみると、保護者の負担は確かに大きいけれど、子どもと長くいられた貴重な時間だったことに気づきます。

卒団式のメインイベントとして紅白戦が企画され、たくさんの関係者が出席して、盛大に執り行うことができました。監督、コーチ、野球父ちゃんたちといった大人の男性がチームを組み、子どもたちのチームと対戦するのですが、この試合がとても愉快なのです。

ほとんどの父ちゃんはジャージ姿ですが、腕に覚えのある父ちゃんが必ず何人かいるもので、完璧なユニホーム姿で現れます。そんな父ちゃんは、昔取った杵柄《きねづか》をここで大いに披露したいので、バッターボックスに入るときには風を切って登場します。

そういえば、子どもたちが試合に負けた日の夕食時、ビールを片手に、敗因について偉そうなことを言っている父ちゃんの姿を見たことがありませんか。母ちゃんたちにとっては、指導者は別として、相手が父親であろうと、愛しい息子に「ダメ出し」をされることが悔しく苛立つのです。しかし、野球に詳しくないばかりに、口出しすることができずにじっと耐えていたのです。

ところが、この紅白戦では、そんな父ちゃんたちが子ど

昔取った杵柄だが…

もたちにコテンパンにやられてしまうのです。観ている母ちゃんたちを爽快な気分にさせてくれるこの試合、最高です。

いつもなら試合中に子どもが走塁すると「遅い！」とスタンドから声を上げる父ちゃんたちも、いざ自分が走ると、ビールで育った重いお腹がじゃまになって、前に進むのは意気込みだけ、足はもつれて今にも転《こ》けてしまいそうな姿を披露してくれます。あっけなくアウトになって、ベンチに戻って来るときには息が上がってしまっている父ちゃんを横目に、母ちゃんたちは大いに盛り上がります。

しかし、よく見ると、息が切れて苦しそうな父ちゃんたちの表情は終始笑顔です。「楽しんでいる」という一言では、その様子を表現することができません。私の目には、嬉しそうで、照れくさそうで、それでいてどこか寂しそうに映ってしまいます。

男同士って羨ましい

一方、子どもたちはしたり顔を見せ、飛び跳ねるほど喜んで父ちゃんをちゃかしたりもしています。それでも、自分にとってはヒーローである父ちゃん！　敬意ある眼差しを向けていることが、側で見ている私にも感じられます。親子で野球を楽しむ「歓びの時間」に心が温まります。

Column

野球父ちゃんの感謝――「野球、ありがとう！」(小松裕勤さん)

小学生の時、少年サッカーに夢中になっていたこともあり、中学でもサッカーをしたいという気持ちがあったであろう息子。しかし、僻地にはそんな選択肢はなく、仕方なく野球部に入部した。そういえば、同じ中学を卒業した私も、同じような気持ちで野球をはじめたという経緯がある。親として当時は、田舎暮らしをさせてしまったことを申し訳なく思ったものだ。

初めてのグローブ、初めてのバット。ストッキングを履くのも初めて。「どちらの手にグローブをはめるの？」とか「靴下を二枚も履くの？」などと言っていた。身体が小さかったこともあり、バットに振り回されるという、何とも危なっかしいスタートだったが、田舎にはそれをサポートしてくれる環境があった。小さい頃からお馴染みの優しい先輩や野球好きのおっちゃんに助けられながら、素人なりに少しずつ野球を覚え、その楽しさを感じていったようだ。

最上級生になって最後の背番号をいただく。何と「6」。「監督さん、あの体力と守備範囲で大丈夫なのか？」と思うが、少数精鋭の野球部には人員の余裕がない。最後の夏、息子は「6」を付けて堂々と試合に臨んだ。初戦突破とはならなかったが、ナイスゲームだった。

リリーフピッチャーも任されることが多かった最後の1年。親バカであるが、私は息子がフォアボールを出したところを見たことがない。ノーコンだった父親とは違い、内野手もピッチャーも無難にこなした息子、私の中学時代よりはるかに上手い。たった3年でここまで成長した息子に、正直完敗だ。同じ男として非常に悔しい！　運動だけは負けないつもりでいたのだが……。

のんびり屋で、クールな息子が野球を通じていつもと違う顔を見せてくれた。悔しいが、でも幸せだ。野球に「ありがとう！」と感謝したい。

「もう、いくつになっても野球小僧なんだから！　母親だって野球部員なのよ！　男同士って本当に羨ましい……」

真っ先につぶやいたのは、「父兄各位」にクレームを出して周囲を笑わせた母ちゃんでした。自分の愛する野球小僧と大きな野球小僧、その無邪気な野球姿を見守る母ちゃんが、とても幸せな笑みを浮かべていました。

ベンチカフェ

退団式の紅白戦――感動的な試合をベンチからずっと応援していたいのですが、こんなときでも母ちゃんたちは会食の準備をはじめます。最後まで裏方を務めるのが母ちゃんたち！　いつもながら、炊き出しの様子を見ると主婦の力を感じます。焼き鳥やおでん、カレーなどの定番メニューですが、選手以外にも招待客や家族を入れて総勢七〇名分の買い出しから調理器具の手配と、大変な作業を経験と知恵とチームワークで手際よくこなしていきます。

このような母ちゃんたち、どんな仕事でもこなせるのではないかと感心するほどのパワーを発揮します。そして、この日も、食後の休憩時間にチーム恒例となっているベンチカフェがオープンしました。

母ちゃんたちにとって冬のグランドで飲むお茶は、温かくてささやかな贅沢です。もちろん、必需品となっている水筒にも母ちゃんたちは強いこだわりをもっています。保温力や保冷力の高い水筒のメーカーやその構造、それらについては熱湯よりも熱く語ることができるのです。ところが、子どもの持ち物にばかり気がいってしまい、うっかり自分の水筒を忘れてしまうことが多いのです。

さて、寒い冬場のグランドに、とっておきとなるベンチカフェがオープンしていました。その背景を説明しましょう。

「保温力は弱いけれど、お湯の量はいっぱいだよ！」

ベンチカフェは母ちゃん達のささやかな楽しみ

練習のとき、ある母ちゃんが自宅からコンセントのいらないエアーポットとインスタントコーヒー、そして紙コップを持参したことからはじまりました。チームには周囲によく気が回る母ちゃんが大概いるもので、夏に彼女は蚊取り線香まで準備してくれました。絆創膏《ばんそうこう》や常備薬などが必要になったときも、「ああ、それなら持っているよ」とすぐに出してくれるので、「彼女のリュックはまるでドラえもんのポケットだ」と言ってみんなで笑ったことがあります。

私たちはそんな彼女が開くカフェが楽しみとなり、次第に紅茶、ココアなどをみんなが持ち寄るようになり、メニューが選べるようになったのです。さすがにお菓子までは持ち込みませんでしたが、寒い冬のグランドで味わうこんな気遣い、温かくて幸せな気分になります。

休憩時間には、監督やコーチ、子どもたちももちろんこの無料のベンチカフェを利用していましたが、野球母ちゃんたちが「凄いなー」と思えるのは、監督やコーチの好みを暗記していることです。たとえば、監督は砂糖だけ、コーチはブラックコーヒーという具合です。やはり、彼女たちは「できる集団」、独身時代はさぞ優秀なOLとして活躍していたことでしょう。

「あ〜、最後までお洒落なカフェで優雅に話をする時間はなかったね」

ベンチカフェの店長（母ちゃん）が言います。でも、私にとっては、この寒いベンチでいただくインスタントコーヒーが街中にあるカフェのものより美味しかったのです。

最後のベンチカフェで紙コップを受け取るとき、個性ある母ちゃんの思いやりに、心から感謝を込めて、ありがとうとつぶやきました。

卒団セレモニー

昼食を済ませると、午前中の紅白戦とは違った空気がグランドを包みます。ついに卒団する子どもたちを送り出すセレモニーの時間となり、送られる卒団生とその保護者がみんなの前に一列で並びます。下級生からはお祝いの言葉と記念品が贈られ、子どもたちは握手を交わします。

それから、卒団生のキャプテンが代表してお礼の作文を読み上げていきます。そこには、野球をはじめたきっかけや、これまでに体験した悔しかったこと、嬉しかったこと、そして指導者や父兄への感謝の気持ちが綴られており、聞いているほうもさまざまなことを思い出して目頭が熱くなってきます。

一緒に野球を続けてきた下級生にメッセージを贈る場面では、下級生一人ひとり、順番が来るとみんな照れくさい表情を浮かべていましたが、どんな言葉をかけられるのだろうと目をキラキラと輝かせて待っていました。どういうわけか、その表情がとても印象的で心に残っています。

そこには、子ども同士にしか分からない何かがあったのでしょう。

じつは、この年に卒団するキャプテンは私の甥でした。そのため、下級生ではなく、一緒に卒団する仲間への思いも私はこっそりと聞くことができました。セレモニーのときにみんなの前で発表することはないので、どうしても事前に聞いておきたかったのです。

車に乗り、グランドに向かうと見慣れた景色が通り過ぎていきます。私は、低学年から高学年まで一緒に過ごしてきたことの思い出を語りながら、甥が仲間について話しやすいように誘導していきました。

身体が小さく、「気が弱いから強くなりたい」と言って入団した副キャプテンが、その優しさでキャプテンである自分を支えてくれたこと、試合に出してもらえないからと言って落ち込んでいた子どもがベンチから声を出し、チームを盛り上げるムードメーカーに成長したこと、そして、監督が大きな声を上げると隠れるように一歩下がっていた子どもが叱られた仲間をかばえるようになったことなど、私が耳にしたのは、甥自身も含めた子どもたちの成長記録でした。

メッセージを贈るキャプテン

「キャプテンの背番号10番が重い日もあったし　ちゃんとやれたのかは分からないけど、ここまで続けられたのは仲間がいたからだと思う」

と言う甥。野球をはじめたころはスパイクの紐がうまく結べないだけで泣いていましたが、今では経験したことのすべてが彼のかけがえのない財産となっています。

最後に、卒団生とその保護者に対して指導者から挨拶があるのですが、母ちゃんたちが感極まり涙を流す寸前、一人のコーチが堪えきれずに声を上げて号泣してしまいました。指導者のそのような表情を見たことがないせいか、周囲の涙は一斉に笑いに変わってしまいました。暑い日も、寒い日も、子どもたちと一番長く過ごしたのは指導者です。指導者とこの小さな子どもたちの間には親子以上の思い入れと絆があるのだと、改めて感じられた卒団式でした。

「監督、コーチ、父兄のみなさん、今日も一日ありがとう

キャプテンの背番号

ございました！」

彼らは毎回、練習や試合のあとには必ず一列に並び、大人に向かってこのように挨拶をしてきました。彼らにとっても、このチームでの最後の挨拶なのです。

それが終わると、父ちゃんたちが駆け寄って、キャプテンから順番に胴上げをしてくれました。人生で初めての胴上げ。空に向かって両手を上げ、高く、高く宙に舞った自分を支えてくれる大人たちの存在を背中で確認できたことでしょう。

「監督、コーチ、父兄のみなさん、今日も一日ありがとうございました！」

まだ声変わりをしていないその声が、今でも私の耳に焼き付いて離れません。

卒団おめでとう！

第4章

中学野球

ほかの試合が気になる中学生

大きなお弁当箱

中学生の親は、子どもの成長が気になる時期となります。もちろん、子ども自身もそれは同じでしょう。

成長が早い子どもは、いきなり高校生くらいに身長が伸び、筋肉もついてがっちりしてきます。それとは対照的に、小学生に間違われてしまいそうなくらい成長がゆっくりの子どももいます。身長の低い子どもはそれが気になるらしく、プロテインを飲んでみようかと思うのもこの時期となります。

中学校の公式試合、一試合目、他校のチームとの対決を観戦している母ちゃんたちが見ているのは試合ではありません。息子たちの発育が気になる母ちゃんたちは、子どもたちがバッターボックスに入るたびに、こんな会話をしているのです。

バッターボックスに立つ子ども

「あの子、太もも太いね」

「いいお尻しているね」

「肩幅が広い」

「胸板も厚い」

そう、自分たちが言われたら「セクハラ！」と叫ばんばかりの会話を真顔でしているのです。

わがチームは小柄な子どもが多いチームでした。子どもの人数が多い市街地の学校へ試合に行くと、身体の大きな中学生が何人かいるものです。そういった子どもたちを見かけては、いったい何を食べたらあんなに大きくなるかと、つい見とれて立ち止まってしまいます。

今が二一世紀だと分かっているはずの母ちゃんも、

「やっぱり、街の子どもは肉や魚がすぐに手に入る環境なんだね」

と、真顔で話しているのです。

田舎のスーパーでも、今や普通に何でも手に入る時代です。しかし、自分の子どもと比べると、あまりの体格の差に驚いてこんなことを言い出す始末なのです。

そんなとき、二試合目で対戦する相手チームの子どもたちがスタンドでお弁当を食べはじめました。そこで母ちゃんたちの目を釘付けにしたものは、子どもたちがバッグから取り出した大きなお弁当箱でした。

「見て、あんな大きなお弁当箱はないよね、タッパーだよね？　大きいだけじゃなくて深いね」

両手で双眼鏡のポーズをつくり、スパイ母ちゃんが報告します。

「どれどれ、そうだ、そうだ。一〇〇円ショップで見たことがある。あれは間違いなくタッパーだね」

この母ちゃんもエアー双眼鏡を持っているようです。

「あれを、全部食べちゃうのかい？」

「中身を見たいね、何が入っているのかな？」

「食費いくらかかるんだよ？」

みんな興味津々です。それもそのはず、そのお弁当を食べている子どもたちは楽に大人の背丈を超えており、しっかりとした逞しい体格をしているのです。おにぎり二個をようやく食べるわが子たち、いったいどうしたら食が太くなるのでしょうか。

子どもたちの食事について母ちゃんたちは、自分のダイ

身体の大きさが明らかに違う

エットとは真逆のことを考えています。自分の体重は順調に増えているのに、息子の体重が増えないことをひどく嘆いているのです。

ああ、代わってやりたい！　いや、私についているこの贅肉はきっと「いらない」と言うだろう。お腹の肉をつまみながらぼんやりとそんなこと考えていると、隣に座っていた母ちゃんがつぶやきました。

「できることなら、私のこのお肉を子どもにあげたいよ」

やはり、みんな考えることは同じのようです。

さて、わがチームの試合開始です。対戦校と戦う前から負けることを意識してはいけないのですが、ネガティブな言葉が飛び交います。

「あのお弁当だもの……脅威よね」

成り行きを知らない人が聞いたら違和感のあるセリフです。本来なら、「あの体格だもの……脅威よね」と言うべきなのでしょうが、先ほど見た弁当箱がやはり印象に残っているのです。思ったことがそのまま言葉になるのが野球母ちゃんたちなのです。試合がはじまる前に、弁当箱一つに気持ちがすっかり負けてしまっている母ちゃんたちがここにいました。

チームのなかで、私の甥はさらにきゃしゃな身体をしています。この試合で、なんとかヒットを放って一塁に進んだとき、その小柄な体格が浮き彫りとなりました。さっきの大きな弁当箱の

選手は一塁手だったのです。同じ歳の二人が並んだ姿はまるで大人と子ども、体格差は歴然です。それを見ていた母ちゃんたちは、

「大丈夫！　足のサイズが随分大きくなったじゃない、これから身長も伸びるよ！」

と気遣ってくれます。「足のサイズが大きい」――このフレーズは、成長が遅い子どもたちに対しての励ましの言葉として定着していきました。

とはいえ、中学で声変わりをし、母ちゃんの背丈を追い越した息子たちには、寂しいような頼もしいような複雑な思いがするものです。それまでプロテインや食事に対して無頓着すぎた私ですが、この試合を境にして、一〇〇円ショップに行くとあの日に見たタッパーの前で思わず立ち止まってしまいます。容量を確認すると二リットルでした！　しばらく、呆然と立ちすくんでしまいました。

硬式野球と軟式の部活動、どっちを選ぶ？

そういえば、中学校への入学を目前とするとき、野球少年をもつ母ちゃんたちはある迷いに直面します。

「中学時代は硬式と軟式、どっちをやらせたほうがいいの？」

ということです。さらに、中学校の部活動を引退して、高校に入学することまでを意識すると、母ちゃんたちは「硬式をやらせないと、高校へ行ってから遅れてしまうのかなー」と思うのです。一つのステージが終わると、次から次へと心配事が耐えないというのが野球母ちゃんです。

本書の読者のなかにも、軟式野球、つまり学校の部活動を選んだことで不安になっている母ちゃんがいるかもしれません。ここでは、そんな母ちゃんのことを思って書いていきます。

硬式野球と軟式野球、いったい何が違うのかというと、単純に使用するボールが違いま

高校では硬球を使用する

す。硬球は直径が約七二・九〜七四・八ミリ、重さが約一四一・七〜一四八・八グラムです。一方、軟球（B号球）は、直径六九・五〜七〇・五ミリ、重さ一三三・二〜一三六・八グラムとなっています。

硬球は表面が皮製で空洞はなく、危険性も高いため、日本の中学校の野球部は安全性の高い軟球を使うこととされています。ところが、高校に進学すると硬球を使いますから、中学のうちから硬球に慣れておきたいという子どもたちは部活動の野球から離れてしまう傾向にあります。

たぶん、理由はそれだけではないでしょう。中学生の硬式チームには「ボーイズリーグ」や「リトルシニア」などいくつかの連盟や協会があり、それらに属しているクラブチームのなかから、自分に合った指導者がいるチームや理想とする環境を選ぶことができるのです。一方、軟式野球は、日本中学校体育連盟に加盟しているいわゆる学校の部活動ですからそうはいきません。

監督、コーチは中学の教師が務めますから、野球の経験者とはかぎりません。また、学校の教育方針もありますから、野球の技術や能力の向上を強く重視しているともかぎりません。当然、教師の異動もありますから、三年間同じ指導者に見てもらうことができないというリスクも考えられます。ただ、中学校の部活動の場合、野球が不得意な子どもも含めて、「単純に野球が好きだ」という子どもがいることでしょう。

一方、硬式野球を選んだ場合、保護者の負担が大きくなります。それゆえ、野球に対して意識

野球団体関係図

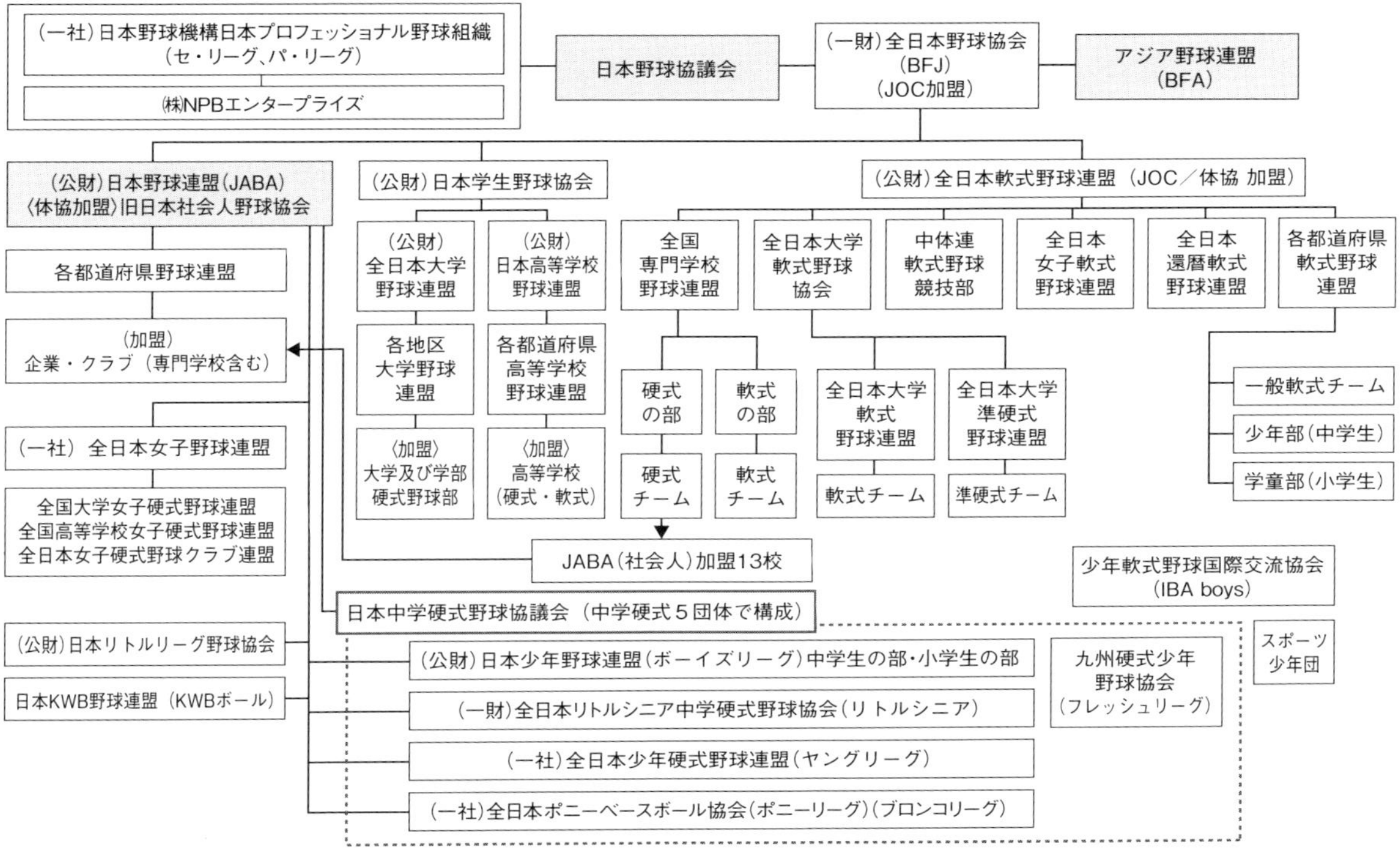

(一社)日本野球機構日本プロフェッショナル野球組織
(セ・リーグ、パ・リーグ)
㈱NPBエンタープライズ
日本野球協議会
(一財)全日本野球協会
(BFJ)
(JOC加盟)
アジア野球連盟
(BFA)
(公財)日本野球連盟(JABA)
〈体協加盟〉旧日本社会人野球協会
各都道府県野球連盟
(加盟)
企業・クラブ(専門学校含む)
(一社) 全日本女子野球連盟
全国大学女子硬式野球連盟
全国高等学校女子硬式野球連盟
全日本女子硬式野球クラブ連盟
(公財)日本リトルリーグ野球協会
日本KWB野球連盟 (KWBボール)
(公財)日本学生野球協会
(公財)
全日本大学
野球連盟
各地区
大学野球
連盟
〈加盟〉
大学及び学部
硬式野球部
(公財)
日本高等学校
野球連盟
各都道府県
高等学校
野球連盟
〈加盟〉
高等学校
(硬式・軟式)
(公財)全日本軟式野球連盟 (JOC/体協 加盟)
全国
専門学校
野球連盟
硬式
の部
硬式
チーム
軟式
の部
軟式
チーム
全日本大学
軟式野球
協会
全日本大学
軟式
野球連盟
軟式チーム
全日本大学
準硬式
野球連盟
準硬式チーム
中体連
軟式野球
競技部
全日本
女子軟式
野球連盟
全日本
還暦軟式
野球連盟
各都道府県
軟式野球
連盟
一般軟式チーム
少年部(中学生)
学童部(小学生)
JABA(社会人)加盟13校
少年軟式野球国際交流協会
(IBA boys)
日本中学硬式野球協議会 (中学硬式5団体で構成)
(公財)日本少年野球連盟(ボーイズリーグ)中学生の部・小学生の部
(一財)全日本リトルシニア中学硬式野球協会(リトルシニア)
(一社)全日本少年硬式野球連盟(ヤングリーグ)
(一社)全日本ポニーベースボール協会(ポニーリーグ)(ブロンコリーグ)
九州硬式少年
野球協会
(フレッシュリーグ)
スポーツ
少年団

の高い家庭の子どもほど硬式野球を選ぶというケースが多いようです。さらに、親が期待するほどの身体能力を備えた子どもが集まっているということかもしれません。

さて、わが甥がどちらを選んだのかというと、中学校の部活動、つまり軟式野球です。正直に言いますと、私には選択肢があることさえ知らなかったのです。私は、中学校に入学したら部活動に入るのが当たり前だと思っていました。周囲に硬式チームのない田舎の環境では、小学校を卒業したばかりの子どもだって保護者が選択肢を与えないかぎり、このような情報を知る術《すべ》がありません。何の迷いもなく、中学校の部活動に入部するはずです。

全校生徒が三〇名に満たない田舎の中学校では、先輩部員の引退をきっかけにバレー部が廃部となりました。男子の運動部はついに野球部だけとなってしまい、バレー部から泣く泣く転部してきた子どもを含めても野球部員は八名しかいません。同じような事情を抱える近隣の中学校と合同チームをつくらないと試合にも出場できません。言うまでもなく、チーム全員が一緒に練習できないというハンディキャップを背負うことになります。

「そんな環境なら、硬式野球チームに入れてやったら？」

というご意見もあるでしょうが、田舎から硬式チームのある市街地への送り迎えには片道二時間近くかかりますし、労力や費用も考えると、それが可能な家庭は少ないのです。ただ野球をやりたいだけの子どもたちにとって、それがかなう環境となる「部活動野球」の存在はありがたいのです。

しかし、時が経ち、中学校の野球部を引退するころになると私も思ってしまいました。

「硬式をやらせていないから、高校へ行ってから遅れてしまうの？」

こんなことを口にした私に、ある高校野球の指導者が次のように言って励ましてくれました。

「大丈夫、ボールにはすぐに慣れます。それに、軟式出身者も変わらず活躍をしていますよ」

正直に言って、この言葉を聞いたときは嬉しかったです。とはいえ、硬式野球チームでは、指導者が高校の関係者とのパイプもあってチームから推薦してもらえることもあるようです。やはり、硬式野球チームは、将来への足掛りとなる環境に恵まれているのかもしれません。ただ、「まえがき」で紹介した甲子園球児の池谷蒼大《いけやそうた》投手も軟式野球の出身ですから、「遅れをとる」などという取り越し苦労は必要がないように思えます。

本書の執筆のため、私はこの件に関して野球関係者に取材を重ね、それぞれ意見を求めてみましたが、結局、どちらがよいとは言えないということで、明確な答えは出ていません。関係者からよく聞いた言葉は、「その子次第！」というものです。なんと曖昧な言葉、と思うでしょうが、それくらい選択は難しいということです。

のちに詳しく述べますが、甥が浜松選抜チームのセレクションに合格できた夏、私が池谷蒼大の母である弘子と試合を観戦しているときのことです。

「選抜チームに入れるなんて、あの子は運がいいんだよね」

とつぶやいた私に、彼女ははっきりした口調でこんなことを言ったのです。

「運じゃない、縁だよ。出会いをもっと大切にしなよ！」

この言葉を、私は時々思い出します。その後、私はたくさんの人に出会うことになりましたが、良縁は運を、そして実力をも呼び込む入り口だと思えるようになりました。選んだ場所で出会う人を大切に思うこと、感謝すること、そして選んだことを精いっぱいやること、それが一番大切なのかもしれません。こう考えると、硬式か軟式かという選択の答えは、やはり「その子次第」なのかもしれません。

ちなみに、野球にかかわらずサッカーにおいても、中学校への入学時には部活動とクラブチームとで選択する傾向はあるようです。そもそも、学校に子どもがやりたいスポーツの部活動がない場合もあるのです。

そう考えると、母ちゃんたちにできること、それは子どもの希望や性格、体格や技術力を考慮して、それに合った環境を慎重に決めること。そして、すべての子どもに対して、その将来について黙って見守ることができるだけの人脈をつくり、互いに励まし合うこととなります。

田舎の中学野球部

先ほどは硬式クラブチームの利点を紹介したわけですが、中学校の部活野球にもよい点がたくさんあります。甥が通学していた中学校は、前述したように、全校生徒数が二四名（二〇一七年度調べ）、浜松市内で一番生徒数が少ないという小さな町の中学校です。ここでは、理想の部活動を選べない環境の子どもたちや、その野球部で知り合った野球母ちゃんたちを紹介します。

私の甥以外はみんな未経験者で、高校に進学しても野球部を希望するかどうかが分からないという子どもが集まった野球部でした。この先も野球を目指すわが家としては、正直、初めは物足りないという思いがありました。

母ちゃんたちも、私がのちに出会っていく野球母ちゃんと比べたら、「野球」に向かう気持ちの温度はかなり低かったと思います。甥の同級生のほとんどがバレー部の廃部に伴って野球部に途中から入部――そんな事情を抱えている母ちゃんたちですから無理もありません。初めは、廃部に対しての悲しみや不満があったり、道具を買い換えたりすることにだって負担を感じていたことでしょう。

ところが、そんな母ちゃんたち、野球への関心はさておき、父母会の役割にはとても熱心で積極的でした。それは、野球をはじめた子どもたちが、親よりも早く気持ちを切り替え、「部活動」として今やるべきことに尽力する懸命な姿勢を見せたからです。そんな、ひたむきな子どもに負けないように、慣れないことに取り組む母ちゃんたち……私は、このときの仲間から学ぶことがたくさんありました。

私だけでなく、甥にしても同じです。彼は少年野球の経験者だったこともあり、思い上がるようなことがあったらいけないと懸念もしていました。ところが、そんな懸念は無用の長物で、学校生活を共にする仲間だからこそ、野球以外の場面で発揮する互いの長所を認め合っていることが分かり、安心して見ていられるという素晴らしい環境でした。先生方の指導のもと、部活動を通じて人間関係をさらに強く構築できたと言えます。

そして二年が過ぎ、中学校での最後の夏の大会がやって来ました。場所は天竜球場、学校のグランドとは違う大きな球場です。

中学野球の最大の醍醐味といえば、学校名や地域を背負って戦う試合となります。大会の開催時、スタンドに集まる応援団の素晴らしさといったら凄いものです。校長先生をはじめとする先生方、同級生、OB、後輩、さらには地域性でしょうか、おじいちゃん、おばあちゃん、町民のみなさんまでが駆けつけ、スタンドはちょっとした同窓会のような雰囲気となります。

対戦相手の人数に圧倒されていた子どもたちも、たくさんの人に見守れ、勇気づけられたことでしょう。バレー部から転部してきた子どもたちも野球選手として逞しく成長し、少ない人数でも堂々と胸を張って力のかぎり戦いました。

この大会では二回戦まで勝ち進み、みんなが歓喜の声を上げました。三回戦では惜しくも敗れましたが、最後のステージで素晴らしい結果を残した子どもたちに心から拍手を送ることができました。スタンドには、涙を流す姿や挨拶を交わす人びとがおり、それらの光景は、どれをとってもスポーツドラマではなくヒューマンドラマのワンシーンとして記憶に残っています。

少年野球のころからお世話になったこの天竜球場は、繰り返し何度も足を運んだ思い入れの深いところです。船明公園の敷地内には、球場のほかにサッカーや陸上競技に利用される広いグランドがあります。すぐそばには天竜川を塞き止める勇壮な船明ダムが見え、ダム湖の上流にあるマリーナ付近では、陽射しにきらめく緑色の湖面上でカヌー競技も行われます。

春になると、公園内は桜の名所として賑い、手をつないだように低い枝が重なり合うソメイヨシノの下でお弁当を広げる人々をよく

天竜球場のグランド

ダムが見える天竜球場

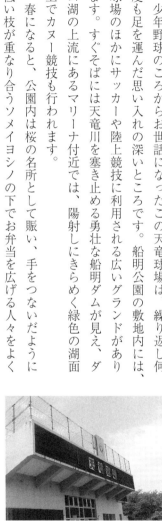

見かけました。そして、この桜並木が若葉に変わるころに、子どもたちが白いユニホームでランニングをする後ろ姿を、母ちゃんたちと眺めている時間が私をもっとも安心させていたことに気づきました（カバー表4の写真参照）。

彼女たちは、「叔母」である私のことを「野球母ちゃん」としてごく自然に接してくれました。野球については弱いチームだったかもしれませんが、誰もが置かれた状況や役割を受け入れ、どんなことにも精いっぱい立ち向かう強いチームでした。言ってみれば、私自身がその姿勢に支えられていたのです。

誰もいなくなったグランドは、先ほどまでの砂埃が落ち着き、整備された土の上は何もなかったかのように寂しく感じられます。それと同じように、さっき見たはずの感動的なさまざまな場面がまるで嘘のようで、私はここに一人、置いてきぼりにされてしまうような感覚でした。

それから二か月が経ち、陽の落ちるのが早くなった秋のことです。学校帰りの孫を迎えに来ているおじいちゃんと、狭い町中でばったりと顔を合わせました。そのおじいちゃんのお孫さんは、ベンチでスコアを付けていて、試合にはあまり出してもらえない選手でしたが、おじいちゃんはいつもに応援に来ていました。

「わしらはね、野球の応援に出掛けていたころが一番楽しませてもらえたよ。こんな小さな町の子どもたちが、大きな学校を相手に頑張る姿には本当に勇気をもらったね、ありがとう」

そう言うと、目尻に皺を寄せて嬉しそうに笑いました。

「こちらこそありがとうございました。いつも応援に来てくださって……」

こう言いたかったのですが、胸が詰まって言葉にならず、私は頭を下げただけで軽トラックが走り去るのを見送りました。野球部の子どもたちが、地域の人たちに楽しみと勇気を与えていた……。

実はこのとき、私は道端で膝をついて、声を出して泣いてしまいました。子どもたちや母ちゃんたちの姿が鮮明に浮かび、球場に響きわたる声までが聞こえてきます。おじいちゃんの言葉であの夏の日が甦り、体中の涙がすべて溢れてきたかのようです。それがどうしてなのか今でも分かりません。でも、それがきっと、私にとっての中学野球、生まれ育った大好きな町の中学野球だったのです。

自分の役割に尽力

高校野球に向かって

中学野球を引退するある野球母ちゃんから、「ねえ、ねえ、トレセン行く?」と、唐突に声をかけられました。「トレセン」、この言葉を耳にしたことがありましたが、学校からも子どもからも何も聞いていないので、その仕組みを私は知りませんでした。

いつも思うことですが、いろいろと情報をもって来てくれるアンテナの高い母ちゃんがどこのチームにも一人はいるものです。○○スポーツ店で野球用品がバーゲンだっただの、インフルエンザがそこまで来ているなど、さまざまな情報をもって来てくれますから、「情報母ちゃん」には助けられてばかりです。

忙しい母ちゃんたちですが、会議の場所はどこにでもあります。いつも行くスーパー、グランドの隅、授業参観、そして、時には道端……いわゆる女性の井戸端会議の場所はどこでもありなのです。世間でよく見かけるこんな光景、母親たちにとってはインターネットより大切な情報の場なのです。

さて、浜松市には「トレーニングセンター」、略して「トレセン」と呼ばれている活動があります。正式名称は「浜松中学野球トレセン」です。

これは「浜松ケイ・スポーツＢＣ」（日本野球連盟に加盟している浜松市の社会人野球チーム。五七ページの表参照）の協力のもと運営されており、高校野球部に入部を希望している中学三年生約一五〇名を対象に、中学の野球部を引退したその年の九月から翌年の一月までの半年間、硬式ボールで野球の指導をしてくれるというものです。

Ａから Ｈの八つにチーム分けをして、練習とともに各チームの総当たり戦が主なスケジュールとなっています。さらに、その八チームのなかから新たにチームを組み、県外の硬式チームと対外試合も経験することができます。

先着順で申し込みを受け付けていますから、能力を問わず、硬式ボールに馴れておきたい希望者の誰もが高校野球への準備期間として利用できるわけです。同じ年齢の球児たちと友達になれることもあり、子どもにとってはとくに有意義なものだと思われます。そして、例の情報母ちゃんが、「高校の野球関係者がよい選手を探しに来てくれるかもよ」と、目を輝かせています。

いろいろと魅力的なトレセンですが、受験勉強もありますから、子どもに相談をして「やりたい」と言ったらそうしようかと、私はのんびりと構えていました。しかし、ある日、練習から帰って来た甥が焦った様子で私にこう言いました。

「みんなのところには決定の連絡が届いたみたいだけど、まだ来ない？……まさか、まだ申し込みをしてくれていないの？」

はい、そのとおり。じつは、八月一九日から出発する浜松選抜（ハマセン）の海外遠征のことで頭がいっぱいで、トレセンへの申し込みをすっかり忘れていたのです。この叔母さんは、二つのことが同時にできない性格なのです。

　ふざけている場合ではありません、慌てて手続きをとりました。これでまた野球の練習がはじまります。部活練習、ハマセン練習、トレセン練習……野球、野球、また野球……なんでそんなに野球が好きなんだ！　ひと息つく暇もありません。

「受験勉強はどうするんだ？　大丈夫？」

　本人はというと、志望校さえ曖昧で、まだ決めていないのです。

「大丈夫だよ、練習は週に一度だけなんだから。勉強もやるよ、それに……頑張れば高校の推薦をもらえるかもしれないし……」

　と、最後は小さな声でつぶやきました。野球がやりたいばかりに、本人は野球の練習だって受験活動だと言いたいのでしょうか。受験生なんだから勉強に集中して、野球はしばらく休んでもいいのではないかと思いましたが、腹をくくるときです。こうなったら、とことん付き合おうじゃないか！

「そうか、言うだけはただ！　どうせやるなら、頑張って推薦をもらってくれ!!」

　本人の分も含めて、私は大きな声でこのように答えました。

Column

母ちゃんの井戸端会議（球児だった中谷大斗さん）

小学校４年生の時の話です。僕は田舎チームの補欠、試合には出られませんが、打者の使ったバットを引いたり、ファールボールを取りに行ったり、声が枯れるまで必要な情報を選手に大声で伝えるなど、できることを一生懸命やっていました。そんな僕のことを、母はいつも応援に来てくれていました。決して強くはないチームですが、県大会への出場を決め、チームは歓喜に湧きました。

県大会本番の早朝、試合会場へ向かうために初めて高速道路での移動となりました。慣れない環境に選手はガチガチに固まり、視点さえ定まりません。緊張感から逃れるためか、バスに乗り込んだらほとんどの選手がすぐに眠りに就き、高速道路に入りました。

途中、「起きろ！　休憩だ」というコーチの声がいつもより厳しくバス中に響きます。真冬に布団を剥がれたかのように勢いよく起き、寝ぼけ眼で車外に出ます。休憩をすませ、バスに戻ろうとした時、聞き覚えのある大きな笑い声が耳に届きました。隣にいた先輩が、「母ちゃん……」とため息混じりの言葉を放ちました。

先輩の視線を追うと、その先には米粒大にしか見えない位置で母親たちが「井戸端会議」を繰り広げていたのです。バスを追いかけて、自家用車でついてきた勇ましい母ちゃんたちの姿です。

バスに乗り込むと、「本当に恥ずかしい!!」「オレのかーちゃんもだよ!!」と言い出す選手たち。人の目が多い、朝のサービスエリア内で行われていた「井戸端会議」を恥ずかしがっているのです。しかし、言葉とはうらはらに選手の顔が明るくなり、チームの雰囲気が変わりました。

大きな大会の日でもいつもと変わらない母ちゃんたち!!　そして、その日の試合は勝利！　母ちゃんの「井戸端会議」は、コーチや監督のゲキ以上にみんなの緊張を吹き飛ばしてくれたのです。

受験前の怪我⁉

スポーツに怪我は付き物ですが、日頃から注意と覚悟、そしてスポーツ保険が大切だということを痛感した出来事がありました。

海外遠征も無事に終わり、トレセンの練習に慣れてきたころの一一月、トレセン参加者のなかから選抜メンバーで新たにチームを組み、京都の会場で他県のチームと対戦することになりました。その投手の一人として、甥も選抜されたという連絡が私のスマホに入ったのです。ということは、ちょうど紅葉の時期に京都に一泊できるというわけです。試合会場は平安神宮の近くというので、すぐさまホテルを予約し、私の母も連れて応援に参じる気持ち全開でした。

ところが、旅行気分という私の不純な喜びも、選抜されたという本人の純粋な喜びも束の間、その週の日曜日、甥はこともあろうに肘を痛めてしまったのです。もちろん、翌週に控えた京都での試合には出場できません。レントゲンを撮ったところ、骨折していることが判明し、手術をすることになったのですが、本人よりも私のほうが震えるほど落胆しました。

病院の待合室に置かれた大型のテレビからはヒーリング映像が流れています。黙ったまま、甥と並んでそれを見つめていました。大きな滝から水が流れ落ちる様子が映し出されていたのですが、私はそれと同じように、不安のなかに吸い込まれていくような気持ちになっていました。

「この時期に怪我をするなんて……どこの高校からも推薦がもらえることはないだろう」

いいや、そんなことは、そもそもどうでもよいことです。

「あんなにも好きな野球をやらせてあげられなくなったらどうしよう……。手術なんて……本人は大丈夫なのか、怖くないのか……」

口には出せませんが、マイナス思考がリフレインしてきます。ところが、隣に座る本人から、どっしりとした言葉をかけられました。

「心配しなくても大丈夫、すぐ治るってよ。ピッチャーが駄目ならほかのポジションがあるじゃん！」

恥ずかしい、情けない、しっかりしなければいけない。どんなときでも、私がうろたえてはいけなかったのです。その後、一日の入院ですむ簡単な手術だと聞いて安堵し、担当医から、「野球についてては少し休憩。何も問題はないですよ」と言われ、私は胸をなで下ろしました。

滝の映像が流れている

「まだ、子どもの骨だったから折れたんだよ。成長途中なんだね、これからまだまだ大きくなるね、楽しみだね」

医師にこんなふうに言われた本人、気を病むどころか、小柄の自分の身体が大きくなることを期待して、かなり喜んでいました。

その後は、トレセンチームの練習が終わるまで球拾いとして参加し、解散式にも出席しています。最終日には、そこで会った友達とそれぞれの進路について話をし、高校野球の試合会場で再会することを誓い合ったということです。怪我の間は辛抱、辛抱の時間となりましたが、本人にとっては貴重な時間だったようです。

その後、同じ病院でしばらくの間リハビリを受けたのですが、ある日、病院に付き添ったとき、待合室には怪我をした日と同じ大きな滝の映像が流れていました。気持ちの問題でしょう。かつてはそのヒーリング映像から不安しか湧き出てこなかったのですが、このときは彼の雄大な姿を思い浮かべていました。

絶え間なく時を押し流す一途な強さ、昨日までの自分を見向きもしないで……。子どもは、知らないうちに強く成長しているのです。

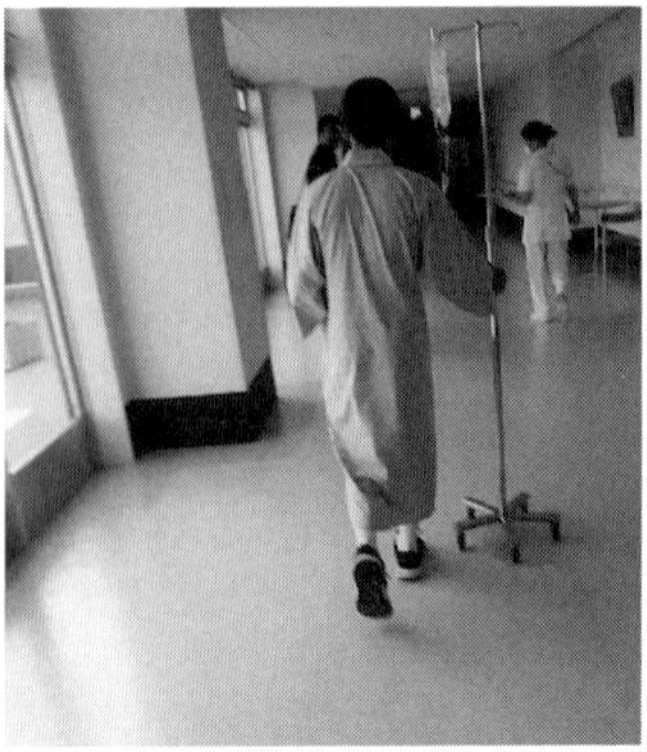

治療に積極的

第5章

選抜チーム

セレクションを撮影する父兄

選抜チームのセレクション

二〇一七年四月二九日、高丘公園野球場を囲む金網にへばりついて、私はグランドを覗き込んでいました。その姿、まるで檻の中にいる動物のようだったと思います。

ここは航空自衛隊浜松基地の近くにあり、普段は離発着をするための飛行機がよく見える場所です。この日は休日で、飛行機は飛んでいません。緑が多い公園のなかにあるグランドはとても静かで、穏やかな陽射しが降り注ぎ、野球少年の声だけが響いています。「浜松選抜チーム」のセレクションに参加する甥を送迎するために、私はここにやって来たのです。

静岡県では、毎年、夏休み中に「静岡県中学親善野球大会」が開催されています（二〇一七年で三四回）。県内の各地区において選抜チームを組んで県優勝を目指す大会ですから、当然、浜松市も「浜松選抜チーム」を組んで出場します。

このチームは、浜松市内に住む日本中学校体育連盟の活動（部活動）を終えた中学三年生で構成され、浜松地区では毎年約四〇名がセレクションで選抜されます。その後、ＡＢの二チームに振り分けられますが、この両チームは県大会に出場したあと、二〇一七年八月一七日からは「国際親善中学野球浜松選抜台湾遠征」の代表チームとして台湾まで遠征に行き、初めての硬式ボールで海外チームと対戦することが決まっていました。そのため、このチームに選ばれることは、浜松市に住み、軟式の中学野球を続けてきた多くの子どもたちにとっては最終目標となり、憧れでもあるようです。

先に書いたとおり、甥の通う中学校は公式試合の成績がよいわけではありませんし、市の代表選手や台湾遠征などは私たちにとっては無縁のことだと思っていました。ところが、中学校野球部監督の中川将大先生が「セレクションに挑戦してみないか」と声をかけてくれたのです。市街地の学校から赴任してきた中川先生は、東北楽天イーグルスから横浜ベイスターズに移籍した内野手、中川大志選手の兄でもあります。

このような指導者に背中を押していただいたことは、外の世界を知らない田舎の子どもにとってはずいぶんと勇気づけられるもので、この中川先生との出会いが甥の野球に対する意識を大きく変えていったと思っています。

母ちゃん達にも人気の中川先生

まずはバッティング、そしてベースランニングなどといった順序で審査がはじまります。子どもたちは自らをアピールし、普段よりも動きはキビキビとしており、挨拶する声もグランドに大きく響いています。私が声をかけても気のない返事をするくせに、審査員に対しては憎たらしいほど気持ちのよい返事で答えていました。

「もう！　いつもこんなふうならよいのにね……」と、見学に来ている母ちゃんたちも同じことを感じていた様子で、苦笑いをしながら金網の外で見守っていました。

ふと、子どもたちの練習着に縫い合わせてある「ゼッケン」を見ると、母ちゃんたちの気迫が十分に伝わってきました。規定の白い布に、中学校名と子どもの名前を記すことになっているのですが、子どもの名前がしっかりと読み取れるように、大きく、太く書かれていたのです。母ちゃんたちがマジックインキの極太で、何度もなぞっている光景が目に浮かんでくるようです。さらに、セレクションの様子さえもビデオカメラに収めようと背伸びをして撮影する父兄もいました。

投手志望者の審査では、係員の指示に従って一人ずつが投球をしていき、それを捕手志望の選手が受けます。もちろん、スピードガンで球の速さも測っています。

ついに甥の順番が来たようで、繰り返し投げている小柄な姿が確認できました。私にはピッチングの良し悪しは分かりませんが、調子が悪くはないことは、中川先生の姿から読み取れました。

スピードガンの数字が出されると、先生は手応えのある表情を浮かべ、嬉しそうに笑いました。私には分からない甥の可能性を信じ、私以上の喜びを見せる姿には、門外漢の親などは入り込めない指導者と子どもとの絆を感じてしまいます。

浜松選抜チームの運営をするのは、浜松市中学野球国際親善育成会という中学教職員を主とした中学野球関係者の団体です。子どもたちが部活動を離れ、硬式クラブチームを選ぶ傾向が見られるなかで、中学軟式野球を続けてきた子どもたちへの育成や将来について大きな取り組みがここにあることに喜びを感じました。これらの活動が、教師たちによる学校の職務外の教育活動だということにも驚きます。

それを知った私は、たとえ合格できなくても、ここに参加できたことに深く感謝しました。ところが、子どもはまったく逆のことを考えるものなのです。何がなんでもセレクションに合格をして指導者の期待に応えなければいけない、そして自分が住む田舎の後輩たちの可能性が広がっていくことを信じ、自分がその先陣をきらなければいけない、そんな使命感をもったようです。これまで、私のことを頼りにしながら後をついてきた甥――私と彼の立場が完全に逆転したように感じたのが、この時期です。

一か月後、自宅に一通の封書が届きました！　合格通知です。二泊三日の修学旅行で京都に出

Column

浜松選抜（浜松選抜監督・橋爪敦志さん）

浜松選抜は、「浜松市中学野球国際親善育成会」という浜松市内の中学校野球部顧問の任意団体が主催している活動です。狙いとしているのは、浜松市中学野球の活性化で、浜松市全体で選手を育て、硬式野球に慣れ、高校野球への橋渡しにポイントを置いて指導しています。浜松選抜に携わる野球部顧問達は、夏休み期間中、午前は自チームの練習、午後は選抜の練習と、台湾遠征が終了するまで野球漬けの生活を送っています。

そこまで我々を駆り立てているものが何かと言えば、並々ならぬ野球への情熱です。選抜に選ばれる選手は、「うまくなりたい、強くなりたい、上を目指したい」といった強い意志をもって臨んできます。

このような選手達を指導するには、それを上回るぐらい強い意志を指導者がもっていなければなりません。一日中指導をしてもまったく苦にならない、そんな教員の集団なのです。

さらに言うと、選抜チームでの練習は、我々教員にとっては「学びの場」ともなっています。各々の練習方法や野球理論を持ち寄って練習を行っているのですが、引き出しの少ない若手教員にとっては、自らの野球の幅を広げる絶好の機会となるのです。このようにして指導のクオリティが向上すれば、中学野球全体の活性化にもつながります。

2018年の夏、28回目の選抜を終えることができました。現在の1、2年生のなかには、自チームの3年生が選抜メンバーだったり、遠征の話を聞いたりして、「来年、再来年の選抜に選ばれたい！」「先輩のように台湾遠征に行きたい！」と憧れ、頑張っている子どもがいます。とてもありがたいことです。28年の伝統とともに、浜松中学野球の魅力として、これからも教師と生徒が一緒になって中学校から盛り上げていきたいと思っています。

掛けている真ん中の日だったため、それを知った瞬間の本人の顔を見ることができませんでした。学年主任の牧野貴宏先生からみんなの前で合格を知らされたとき、クラスの友達や野球部の仲間が自分より先に声を上げ、大きな拍手をして祝ってくれたようです。

子どもの喜ぶ姿を思い浮かべることは、このうえない幸せです。しかし、いよいよ私の知らない環境に一人で飛び込んでいく子どものあとを、今度は私が追っていく番がやって来ました。ふっと寂しさを感じたこの日の私、まだまだ未熟な「野球母ちゃん」でした。

新たな野球母ちゃんたち

ある日、スカートをはいて出掛けた日のことです。スーパーマーケットで偶然、同じチームの野球母ちゃんに出会いました。

「あら、今日はなんでそんなお洒落しているの⁉」

「そんな恰好しているから、誰かと思っちゃったじゃないの！」

こんなふうに言ったり、言われたりしたことがありませんか？　そうです！　野球母ちゃんはチームＴシャツとジーパン姿で会うのが定番となっているのです。毎週末、そんな姿に見慣れているからこそ、それ以外の姿は新鮮に映り、「よそ行き」に見えてしまうほどファッション感覚が麻痺しているのです。

これが理由なのでしょう。次第に普段着も、応援時とほぼ変わらぬ格好になっていきます。私などは、野球に携わってからというもの、野球帽をかぶって無意識に腕組みをしながらグランドを見つめていることがあるようで、「おばさん」を通り越して「おじさん」が一気に開花したような気がしていますし、家でもジャージ姿で過ごすことが多くなりました。しかし、このような日常感覚が悲劇を生んでしまうのです。

二〇一七年七月一六日、浜松市内のホテルにて「浜松選抜選手団の結団式」が開かれました。もちろん、「顔合わせ」の意味も含まれています。ホテルだから改まった格好で行こうか、いや待てよ、今日は野球母ちゃんばかりが集まるのだから……。

自然に腕組みをする母ちゃん達

ここで、スーパーでの野球母ちゃんとのやり取りが私の脳裏をかすめたのです。下駄箱を開くと、スニーカーが前列を陣取っています。最近スカートをはいたのは、親戚の法事のときくらいです。やはり、「フツウ」で行きましょう。ハンガーに掛けて用意しておいた紺色のワンピースをクローゼットに戻し、普段着で出掛けました。ところが、会場のホテルに到着すると、「しまった！」と後悔をしてしまったのです。

エントランスには、坊主頭で日焼けした子どもたちの姿が数名見られます。制服姿でもすぐに野球部だと分かりますが、上はワイシャツ、下は学生ズボン。白と黒のため、やはり畏まって見えます。子どもたちの服装は指定されていたのですから、自分も着ていくものを配慮するべきでした。慣れとは恐ろしいものです。

「選手はこちらへ入ってください。保護者の方は、あちらで受付をすませてください」

係員が案内する声が響き、背中を押されるように中に入っていくと、甥とは通路で分けられ、私は会場の前に設置されていた受付に並びました。私の前に、二人の女性が子どもたちと合わせたように白いブラウスに黒いスカートという姿で立っています。やはり、あのワンピースを着てくればよかったたか……。

今さらどうしようもありません。軽く溜息をつきながら落ち着いてあたりを見回してみると、みんな恰好はさまざまで、すべての人が正装しているわけではありませんでした。胸を撫で下ろした私ですが、みなさんには「おつれさま」がいるようで、その人たちは申し合わせたような出で立ちでした。

名簿を見ると、ほかの学校からは二名以上が選ばれている様子です。きっと、相談して服装を決め、会場にも一緒に来ているのでしょう。それに加えて、このようなところに集まる強いチームの母ちゃんたちは、試合数の多さも手伝って、すでに互いに顔見知りではないかと勝手に思い込んでしまいます。どうやら、「お一人様」状態は私だけのようです。田舎でぬくぬくと野球母ちゃんをやってきた私、ほぼ一回戦敗退チームの野球母ちゃん、ここでは場違いな感じがします。

(いったい、どうしたらいいの⁉ どうやって、この母ちゃんたちに入っていったらいいの⁉)

こんな不安を抱えながら勇気を出して歩みを進め、どこに座ったらよいかと戸惑っていると、突然、声をかけられました。

「ここ空いていますよ、どうぞ」

満面の笑みで自分たちのテーブルに私を誘導してくれたのは、先ほど受付で前に並んでいた二人組の素敵な母ちゃんでした。中学校名をうかがうと、練習試合で二度ほど対戦したことのあるチームの保護者でした。

「台湾には応援に行きますか?」

こんなふうに、私に向けてくれる自然な笑顔に好感がもてます。

「ええ、私も保護者用の応援ツアーに参加するつもりでいます」

元来、人見知りの私も、瞳孔を開いて、できるだけ柔らかい表情で答えました。というか、このような話し方、何年振りか分からないぐらいです。

「わぁ、私たちもそれで行くのよ！　またご一緒できるわね、よろしくお願いします」

適度に敬語をはずしながら親しみを感じさせてくれるこの言葉、居心地のよさまで感じられてようやくリラックスできました。

不安だった台湾への応援ツアーも心強くなってきました。この二人に親切にしていただいたおかげで、私もなんとかこの場に入って過ごすことができたのです。子どもの「晴れの席」に、同じ立場、同じ目的で集まっていることで、このように溶け込んでいけたのでしょう。恥ずかしがってばかりいてもダメなのです。

この日、子どもたちは一人ずつ名前を呼ばれ、代表のユニホームを壇上で受け取りました。それに着替えたあとで整列し、指示どおりにガッツポーズを決めると、各新聞社がバチバチとシャッターを切ります。この写真とともに、翌日の静岡新聞（二〇一七年七月一九日付）には次のような記事が掲載されました。

台湾遠征　士気高く　中学野球　浜松選抜が結団式

浜松市と台湾の中学生が野球を通じて交流する「第27回国際親善中学野球大会」（市中学野球国際親善育成会など主催、静岡新聞社・静岡放送後援）に出場する浜松選抜選手団の結団式が16日夜、中区のホテルで開かれ、選手らが8月の大会に向けて士気を高めた。

選手団は市内の中学から選ばれた42人で編成。7月下旬から練習を開始し、8月17～21日の遠征に臨む。橋爪敦志監督（北部中）のHチームと中川将大監督（佐久間中）のNチームに分かれ、台湾・台中市内の4校とそれぞれ対戦する。

結団式で赤と紺を基調にした代表ユニホームを受け取った選手らは、早速袖を通した。Hチームの高井滉一郎主将（清竜中3年）は「台湾の選手と積極的に交流したい」と語り、Nチームの西田伊吹主将（入野中3年）は「中学野球の集大成として全力で戦ってくる」と意気込んだ。（浜松総局・井沢泰斗）

想像以上に華やかな世界、自分の甥が代表ユニホームを着ている姿にしばらく見とれていました。その余韻にずっと浸りたかったのですが、私はこの初日から、野球母ちゃんたちの凄まじい姿を目の当たりにすることになりました。なんと、同じテーブルのエレガントな二人も、凄腕の野球母ちゃんだったことを知ってしまったのです！

　お互いを知らない母ちゃんたちがこの会場でいきなりはじめたこと、それはLINEの交換でした。携帯電話アプリであるLINEは、保護者の必須アイテムになっています。連絡事項が多いため、スピード連絡は不可欠となっているのです。また、既読したことが分かる「グループLINE」は連絡網にはもってこいのアイテムです。

　それぞれに配られた名簿を開き、連絡網の前後を確認します。

「〇〇中学校の〇〇さ〜んいらっしゃいますか!!」

　という具合に大きな声で呼び合い、相手を探してLINE交換をするのですが、そのスピードや手際のよさには目を見張るものがありました。私はというと、バタバタとスマホを持って走り回り、ようやく元のテーブルに戻ったのですが、二人の野球母ちゃんはさっきから着席したまま、落ち着いて美味しそうに料理をパクパクと豪快に召し上がっていました。

「これ、美味しいですよ、食べませんか？」

「私たち、食べることが楽しみなんですよ」

代表のユニホーム姿に感激

と言って料理をすすめてくれますが、ゆっくりと食事をする気分にはなれません。（この二人は、お目当てのLINE登録はすんだのかな？）と思ったとき、私のスマホに何通ものメッセージ音が届きました。いつのまにか浜松選抜チームのグループLINEが登録されており、そのアイコン画像を見ると、いつ撮影したのか、チームの監督の写真になっていたのです。さらに、目の前で美味しそうに食事をしている二人の名前も、すでに表示されていたのです。

恐るべき野球母ちゃんたち！　頑張ってついていくぞ！　心に気合いを入れた夏の夜でした。

海外遠征リポート

二〇一七年八月一七日、第二七回国際親善中学野球大会の台湾大会に出場するため、浜松選抜チームの監督、コーチ、選手団、そして私たち保護者が名古屋セントレア空港から台湾に向けて出発しました。平日の八月一七日から二一日まで四泊五日の旅となりますから、保護者全員が休みをとって参加することはできません。とくに、一家の働き手である父親は難しかったようで、観戦ツアーに参加したのはほとんどが母親でした。

旅行会社で組まれた応援ツアーです。さすがにここでは野球母ちゃんについてのエピソードは書くことがないかと思っていましたが、海外でも十分そのコミカルな様子を発揮してくれましたので、リポートさせてもらいます！

この年の夏に初めて出会ったばかりの母ちゃんたちですが、旅先では、食事や観光も同じ時間を過ごすことになります。当初、「お一人様」の私は参加を迷っていましたが、こんな機会は滅多にないからと、家族も勤務先もすすめてくれたので参加を決めました。

ツアーの申し込みをしてから台湾へ出発するまでの一か月の間に、草薙球場にて静岡県中学野球親善大会（二〇一七年八月三日）がありました。台湾遠征と同じ浜松選抜チームで出場し、ここで優勝をともにできたチームの母ちゃんとはすっかり打ち解け、人見知りの私でもすでに旅への不安は吹き飛んでいました。心配なことは、子どものコンディションと天気のみです。どうやら、逞

片側四車線の高速道路

しい野球母ちゃんに、私も少し近づけたようです。

初めての海外遠征――その間は、子どもたちとは別行動で宿泊するホテルも分けられます。子どもたちは、一日が終わると各自がユニホームを洗濯します。すべてを自己管理するというのも、海外遠征での目的の一つなのです。

台北市にある桃園空港に到着すると、台北から台中に向かう立派な観光バスが私たちを待っていました。私たちが走る片側四車線の高速道路、その高架橋のすぐそばを別の高架橋が並走しています、それを合わせると一六車線にもなる巨大なその道路の先が立体的に私の視界に広がり、その規模に目を見張りました。しかし、車窓から過ぎていく風景をじっと眺めていると、植物や建物は日本とさほど変わりません。子どもたちも、そのような景色から文化の差を感じることはなく、激しく緊張したり、体調を崩すという心配も少ないと思われて安心しま

台湾の500元札

した。

サービスエリアで休憩するというタイミングで現地の添乗員が両替の案内をはじめ、バスの中で台湾の紙幣に替えた途端、何人かの母ちゃんがざわ、、、めきはじめました。

「このお札、野球の絵が書いてある！」

そうなのです！　台湾の五〇〇元札には野球チームが描かれているのです。

日本と台湾との野球に関しては、二〇一四年に公開された映画『KANO 1931　海の向こうの甲子園』でも紹介されています。野球というスポーツが台湾においてどれほど身近なスポーツであるかを特徴づけるこの紙幣、みんなが関心を示し、現地で使うことなくお土産として持ち帰った母ちゃん、さらに写真に残した母ちゃんもいました。

サービスエリアのほかコンビニにも寄ったのですが、一番話題となったのが香辛料の八角の匂いでした。日本人には苦手な人が多いと聞いていたとおり、母ちゃんたちのなかにも思わず顔をしかめる姿がありました。日本にやって来た外国人から、「醤油の匂いがきつい」とか「コンビニのおでんの匂いが苦手」と言われたことがありますが、きっとそれと同じ感覚なのでしょう。

あとで聞くと、子どもたちも苦手だったようで、夕飯に手がつけられず、コンビニにカップ麺を調達しに行ったようです。

そういえば、コンビニでも野球母ちゃんたちは、インスタント麺のコーナーでまたもや野球関連のお土産を見つけています。インスタントラーメンのパッケージに野球の選手が描かれているものを、コンビニに寄るたびに買い占めていました。とにかく、野球のイラストには敏感なのです。

到着してから数時間しか経っていないのに、このように熱い野球母ちゃんたちを身近で感じることができる楽しい旅、明日の試合も楽しみですし、その夜には台湾の子どもたちと交流する食事会も予定されています。そして明後日には、台湾のプロ野球が使用する素晴らしい球場、「台中インターコンチネルタル野球場」での試合があります。

台湾のインスタントラーメン

私はプリントに書かれた翌日からのスケジュールを見つめ、さまざまな期待に胸を膨らませ、この夜はぐったりと深い眠りに就きました。

二日目の朝、薄茶色のカーテンを開くと天気は晴れ。「日ごろの行いがいいのね」と必ず誰かがつぶやくであろう、そんな素晴らしい快晴です。高層の窓からは、遠くまで広がる景色が見渡せます。見下ろすと、小さな路地の闇に明るく灯っていた飲食店の看板が、昨夜とはずいぶん違う様相でそこにありました。

ホテルの朝食会場に向かう前に、カメラとスマホの充電状況を確認しました。子どもたちの朝食も、水筒も、おにぎりも気にしなくていいのです。自らの準備だけに集中できるという優雅な朝です。さらに、試合会場までは専用バスが送迎してくれます。今日の会場は、日本でいえば市街地にある学校の校庭のような一般的なグランドです。先に出発している選手から一時間ほど遅れてホテルを出発しました。ホテルからは約一〇分という距離、試合時間に間に合えばよいという、ゆっくりとした優雅な到着です。

「会場に横付けなんて！　駐車場を探さなくて済むなんて信じられない！」

「見て！　荷物はこれだけ、お茶当番もないんだよ!!」

「試合時間に集合なんて贅沢すぎる。考えられない！」

野球母ちゃんたちは、まるでセレブになったような感じで、落ち着かずにソワソワとしています。そんななか、バスのトランクから添乗員が大きな荷物を降ろそうとしていました。旅行会社が準備した大型のクーラーボックスが数個です。その中

台湾での宿泊ホテル

には、子どもたちの水分補給用のペットボトルが用意されており、それを冷やすための大量の氷も詰め込まれています。

それを見た母ちゃんたち、すぐさま駆け寄り、運搬を手伝いはじめました。ためらいがありません。このような気質と体質になってしまっているのです。そんな母ちゃんたちですから、すでに添乗員とも仲良しになっています。試合前にチームの荷物を運ぶという行為には、条件反射で身体が動いてしまうのです。

さて、台湾の子どもたちとの試合、初日の対戦は見事に勝利を収めました。子どもたちはぎこちなく挨拶を交わし、台湾の子どもたちと並んで記念撮影をします。このあと、またバスのお迎えで子どもたちよりも先に会場を後にするわけですが、このとき、あの大きなクーラーボックスを今度はベンチからバスに戻すために運んでいる添乗員の姿が目に留まりました。

添乗員は荷物を軽くしようとしたのでしょう。余って不要になった氷を捨てるため、グランドの隅で立ち止まり、クーラーボックスをひっくり返したのです。たくさんの氷がそこからなだれ出て、土の上に氷の山ができてしまいました。母ちゃんたちがはっとしてそこに駆け寄ろうとすると、添乗員は片手を上げて待ったをかけます。

「大丈夫です、大丈夫です、氷を捨てたので中身が空ですから、楽に運べます」

すると、母ちゃんたちは驚くべきことを口にしたのです。

「そうじゃないのよ、氷よ！　氷！」

「何しているの！　氷を捨てないで！」

「アイシングに使えるじゃないの！」

ナイロン袋を持って駆け寄った母ちゃんたち、氷を詰め出しました。その姿をうしろから見ていると、まるで甲子園球児たちが土を持ち帰る姿のようです。やはり、母ちゃんたちにとっては夏の氷はとても必要で大切なもの、捨てるなんて考えられないのです。たとえ試合が終わったとしても、子どもたちの肩を冷やすための氷として利用できる、そんな氷が捨てられてしまう様子を見て、反射的に身体が動いてしまったのです。

私は圧倒され、出遅れてしまったためにみんなの背後に立っていましたが、添乗員はあっけにとられた表情で私のほうを振り返っていました。


さて、この日の試合後も子どもたちとは別行動となります。母ちゃんたちはプログラムされた観光を楽しみ、いったんホテルに戻ってから夜の身支度を整えました。この日の夜は台湾選手団との交流会が催されることになっており、母ちゃんたちも昼間よりは少しだけお洒落をします。

といっても、昼間のＴシャツに襟が付いた程度の代わり映えですが……。

会場は「好運來」（好運來洲際宴展中心）。台中インターコンチネンタル球場の系列であるかのように球場と並んでおり、野球ボールをモチーフにデザインされた派手な外観に、入店前から母ちゃんたちの心も野球小僧たちの心も躍っている様子でした。

　日本でいえば披露宴会場のような店内でしたが、波型模様の青いカーペットに、薄紫に光るたくさんの照明、ステージには大型スクリーンに「歓迎」の文字が映し出されています。司会者がワイヤレスマイクでパフォーマンスをし、その声が大きく響きいています。まるでライブ会場のような空間に、鼓動が高まっていくのを感じました。

　子どもたちはというと、丸テーブルの席に台湾の子どもたちを挟むようにして座り、言葉の通じない異国の友達と食事をともにします。各自が日本から用意してきたプレゼントをわたし、台湾の子どもたちはそのお礼として、ステージで歓迎のダンスを披露してくれました。

　いきなりのリクエストに応えて、日本の子どもたちもダンスを披露したのですが、メンバーみんなが即興でできる

懇親会の会場である「好運來」

のは高校野球の応援パフォーマンスしかありません。練習もしていない完成度が低い余興でも、母ちゃんたちだけは大爆笑の盛り上がりです。普段は見られない子どもたちの表情、豪華なお料理、至福の時を過ごさせていただきました。

日本の選手団や父兄が退場するときには、台湾の選手たちが二列に並んで向かい合い、手をつないでアーチをつくってくれたのですが、それをくぐるときにこちらの顔を覗き込むように「謝謝」と言葉をかけてくれ、一人ひとりの笑顔が歩む速度で過ぎていくのです。とても印象に残った光景です。これまでの人生で一度も体験したことのない、有意義で感動的な瞬間、予想以上に胸を打たれました。

三日目の朝、昨日と同じようにバスに乗り込んで球場に向かいます。この日の試合会場である「台中インターコンチネルタル野球場」を私は楽しみにしていました。遠くからでも見える二本のアーチ状の支柱、ボールの縫い目をイメージした赤い鉄骨が印象的なこの球場は、郊外を走る幹線道路沿いという殺風景な空間に位置していること も手伝って、その存在感は異彩を放っています。

台湾選手によるアーチの花道

Column

外国人の母ちゃん

「台湾遠征へ行く前にこの映画を観てね」

お祝いとしてDVDをプレゼントしてくれたこの母ちゃんは、少年野球時代に同じチームでお世話になった人です。フィリピンから日本に嫁いだ人で、言葉や習慣という壁に不安を感じている姿を何度も見かけました。ある日、いきなり降り出した夏の夕立に試合は中断、みんながずぶ濡れになりながら子どもたちの荷物を片づけていると、「自分はスコールに慣れているから」と言って、ここが活躍の場だと言わんばかりに張り切って荷物を運び、その場を和ませてくれました。もし、違う場所で彼女と知り合っていたら、これほど親しくはなっていなかったでしょう。野球を通じて一緒に頑張ってきたからこそ、かけがえのない仲間になれたのです。

もらったDVDは、本文で紹介した「KANO　1931海の向こうの甲子園」です。台湾が日本統治下にあった1931年、台湾代表として全国高校野球選手権、つまり甲子園に出場し、準優勝を果たした嘉義農林学校野球部の実話を描いた台湾映画です。三つの民族の混合チームに対して、「言葉が通じなくて意思疎通はあるのか、野球ができるのか」という侮辱的な記者の問い、それに対して「この子たちはみな同じ野球児だ」「それぞれの特色が活かされた最高のチームだ！」と近藤兵太郎監督が答えます。

さらに、インフラ整備が整っていなかった台湾で農業水利事業に大きな貢献をした八田与一もキャスティングされていて、この時代における日本人とのかかわりを感じることもできる映画です。2018年の全国高等学校野球選手権大会は100回目となります。その歴史を振り返る意味においても、ぜひ観ていただきたい映画です。

国際試合にも使用される球場の座席は、フィールドがどこからでも見やすいうえに、この日は貸し切り状態ですから、いつもは固まって場所を陣取る母ちゃんたちも贅沢に、余裕をもって思い思いの場所に腰を下ろしました。

ネット裏の最前列は、グラウンドとほぼ同じ目線で見ることができるので臨場感があるのですが、やはり満席状態の球場のほうが迫力は大きいです。

それにしても、あのマウンドに甥が立てるかもしれない……そんな姿を想像するとたちまち興奮してきます。ほかの母ちゃんたちもきっと同じ気持ちなのでしょう。目を輝かせ、カメラを持っては観客スタンドの階段を上ったり下りたりして、落ち着かない様子でした。

やがて、相手ベンチから台湾選手が入場し、ウォーミングアップをはじめました。私は昨夜の交

台中インターコンチネンタル野球場

流会のことを思い出しながらその様子を見つめていました。昨日の試合では何となくぎこちない雰囲気でしたが、昨夜のような時間を一緒に過ごしただけで、彼らに向ける子どもたちの表情が親近感にあふれたものに変わっていることが分かります。

入国した日、台湾政府を表敬訪問した子どもたちに、台中市政府幹部から「大会での交流を通じて、野球のレベルを上げるだけでなく国際視野を広げてほしい」という歓迎の言葉が贈られたと、翌日の新聞記事に掲載されていました。子どもたちは、用意されたプログラムを体験することでそれが可能となるのです。

フィールドの美しい芝生が、一瞬、眩しく滲みました。泣いてばかりもいられません。頬が引きつりながら、何とも言えない気持ちで涙を堪えていました。そんなとき、母ちゃんたちの奇跡が起こりました。

試合が最終回に近づいたとき、贅沢にスペースを使って

集まって応援パフォーマンス

スタンドに散らばっていた母ちゃんたちは、自然と三塁側ベンチのスタンドに集まって列になりました。そして、昨夜、子どもたちが余興で見せた応援パフォーマンスをみんなではじめたのです。

言うまでもなく、大変盛り上がりました。たった一か月をともにしただけのチームですが、母ちゃんたちが一つになれた瞬間です。ところが、その感動シーンさえもなぜかコミカルなのです。母ちゃんたちはその場で笑い崩れたのです。

試合が終わり、フィールド内に入るようにと係員から指示があると、母ちゃんたちはカメラを持ってスタンドを駆け下りていきました。

「ここで記念写真を撮りますよ。並んでください」

母ちゃんたちは子どもたちの側に集合したのですが、灼熱の空の下で戦った彼らはなんとも言えないほどの汗の匂い！　身長も肩幅もとっくに母ちゃんたちを追い越した子どもたちの輪に中に囲まれながら、「臭い、臭い、汗臭い！

汗臭い記念撮影

側に寄りたくない」と言って、匂いを払うように手をあおぎっぱなしです。しかし、言葉とは裏腹に、その顔はみんな輝いていました。

台湾での熱戦を静岡新聞（二〇一七年八月二〇日付）が報じてくれましたので、紹介しておきましょう。

浜松選抜、勝負強さ発揮　固い握手交わし閉幕

第27回国際親善中学野球大会台湾大会（市中学野球国際親善育成会など主催、静岡新聞社・静岡放送後援）は最終日の19日、台中市内2会場で5試合を行った。浜松市選抜の2チームはそれぞれ2試合を戦い、Hチーム（橋爪敦志監督）は1勝1分けで通算3勝1分け、Nチーム（中川将大監督）は1勝1敗の通算2勝2敗で大会を終えた。

Nチームは洲際棒球場での2試合目、豊陽国民中に6－5でサヨナラ勝ちを収めた。三回に渡部大洋選手（浜北北部中3年）の右前打などで3点を奪うと、2点ビハインドで迎えた7回、代打の一色永二選手（富塚中3年）の2点三塁打で同点。さらに名倉寛太選手（三ケ日中3年）が「振り抜くことを意識した」と中前にはじき返し、試合を決めた。

終盤の代打攻勢が的中した中川監督は「交代した選手もベンチに下がった選手も同じ気持ちで戦ってくれた」とねぎらった。

1試合目の中山国民中戦は2－10で敗れたが、最終回に代打の山本大輔選手（中部中3年）が左前適時打を放って1点を返すなど粘り強さを見せた。

西苑櫻花棒球場で試合に臨んだHチームは西苑国民中との1試合目を3－3で引き分け、向上国民中戦は4－0で完封勝ちした。

浜松合同チームと台湾の1位校中山国民中によるゲームも行われ、選手らは試合後に固い握手を交わした。

選抜団は20日に台北市内などを見学し、21日に帰国する。

台中市（台湾）＝浜松総局・井沢泰斗

浜松選抜、勝負強さ発揮

固い握手交わし閉幕

Hチーム　3勝1分け
Nチーム　2勝2敗

浜松市 中学野球 台湾遠征

【台中市（台湾）＝浜松総局・井沢泰斗】第27回国際親善中学野球大会台湾大会（市中学野球国際親善育成会など主催、静岡新聞社・静岡放送後援）は最終日の19日、台中市内2会場で5試合を行った。浜松市選抜の2チームはそれぞれ2試合を戦い、Hチーム（橋爪敦志監督）は1勝1分けで通算3勝1分け、Nチーム（中川将大監督）は1勝1敗の通算2勝2敗で大会を終えた。

Nチームは洲際棒球場での2試合目、豊陽国民中に6－5でサヨナラ勝ちを収めた。三回に渡部大洋選手（浜北部中3年）の右前打などで3点を奪うと、2点ビハインドで迎えた七回、代打の一色永二選手（富塚中3年）の2点三塁打で同点。さらに名倉寛大選手（三ケ日中3年）が「振り抜くことを意識した」と中前にはじき返し、試合を決めた。

終盤の代打攻勢が的中した中川監督は「交代した選手もベンチに下がった選手も同じ気持ちで戦ってくれた」とねぎらった。

1試合目の中山国民中戦は2－10で敗れたが、最終回に代打の山本大輔選手（中部中3年）が左前適時打を放って1点を返すなど粘り強さを見せた。

西苑櫻花棒球場で試合に臨んだHチームは西苑国民中との1試合目を3－3で引き分け、向上国民中戦は4－0で完封勝ちした。

浜松合同チームと台湾の1位校中山国民中によるゲームも行われ、選手らは試合後に固い握手を交わした。

選抜団は20日に台北市内などを見学し、21日に帰国する。

第6章

母ちゃんは野球職人

チームワークのよい母ちゃん達

みんな野球中毒

コンビニで買い物している知らない女性を見かけても、「あ、野球母ちゃんだ」と何となく分かってしまいます。坊主頭の子どもがその女性に近づいて行くのを見て、「やっぱりね」と確信します。どういうわけか、同じニオイを感じてしまうのです。もしかしたら、そんな雰囲気を醸し出してしまう生活の共通点があるのかもしれません。

ある母ちゃんのご主人が野球の練習中に怪我をしたと聞き、お見舞いのためにそのお宅を訪ねたことがあります。そこは住宅が並び、道路からは奥まった場所にあるのですが、球児がいる家はすぐに分かるものです。玄関先にバッティング練習用のネットが張ってあるのが見えたのでそこへ進むと、やはり予想どおり正解でした。そして傘立は、本来の役割を果たすことなく、バット立てになっていました。

バット立てとなった傘立て

玄関のドアが開いたままだったので、チャイムを押さずに「こんにちは」と呼びかけると、「はーい」と奥から聞きなれた声がしました。野球をしている男の子が二人いるこの家庭、下駄箱を開けると、きっとスニーカーばかりが入っていることでしょう。整理をすれば、トレシュー、スパイクも何足か出てくるはずと、私はそんなことを考えながら玄関で声の主が出てくるのを待ちました。

「いらっしゃい、散らかっているけど入って、入って！」

リビングに通され、適当な場所に座ろうとしましたが、部屋を見回すと壁には少年野球大会のパネル写真や賞状が飾られています。テレビの前にはダンベルが転がっていて、開いたままの野球ノートには、「腹筋二〇回」「腕立て二〇回」などと筋トレメニューが書かれていました。

この家の野球母ちゃんは、入れてくれたお茶を運びながら顔をしかめ、声を潜めて次のように言いました。

「そんなの、書くだけで、やっているところをちっとも見たことがないよ」

どこの家庭でも同じことを言います。本当に家でトレーニングをしていないのか、それとも私た

野球ノート

ちがテレビや長電話に夢中になっているときにこっそりしているのかは分かりません。週末、監督に提出するであろう野球ノートには、毎日のように同じ回数が書かれているものなのです。

トイレをお借りしたところ、目に入ったものは壁に掛けられたカレンダーです。そこには試合のスケジュールが記され、球場名と対戦相手が書かれていました。当たり前のことですが、赤文字で書かれた週末の予定は私と同じ、それを見ていると自分の家と変わらない気持ちになって、初めて訪ねたお宅だというのにすっかり寛いでくるのです。

洗面所の横には洗濯機が置かれてあり、ウタマロ石けんをはじめとした洗濯用洗剤、洗濯板、タライなどが並んでいました。週末の試合後は、このゾーンの床は土で少しざらついていることでしょう。

奥のキッチンの冷蔵庫の扉には、マグネットで留めた連絡網のプリントや月間予定表。お茶当番のウォータージャ

ウォータージャグと保冷バック

グや水筒はテーブルの上を占領し、庭の物干し竿には練習着とタオルが風にそよいでいます。

他人のお宅をジロジロと見るのは失礼なのでしょうが、これらを見ていると、血のつながった身内よりも分かり合えるように感じてしまいます。

リビングに転がっている野球ボールを一つ拾って、「ねえ、ボールって、どこの部屋にも一つは転がってない？」と尋ねてみました。

「ご想像のとおり、どの部屋にもありますよ。お風呂にだって一つ転がっています！」

そう答えた母ちゃんと「野球母ちゃんの家」の特徴について話しだすと笑いが止まりません。毎週末に同じ時間を共有するということや、野球児童がいるだけで、空間は別なのに、生活パターンの共通性が正確に把握できてしまうのです。

「あ、そうそう、ご主人の怪我は大丈夫？」

ずいぶん経ってから、本題を切り出しました。

「怪我はもう大丈夫。ただ、野球中毒のほうは治らないね。あの人はね、この家に野球という原因不明の病を運んできたんだ。この家の男は、みんな野球中毒なんだよ」

どうやら彼女は、野球母ちゃんの家の共通点について話を戻したいようです。そして、冷たいお茶を一気に飲み干すと、

「ところがね、週末になると私だってグランドに行きたくなるわけよ。もはや、私も感染してし

まったね」

と言うのです。

廊下の壁のフックには、同じ野球帽が四つ掛かっていました。きっと、チームTシャツも同じく四枚あるのでしょう。帽子を見て、私は爽快な気持ちになりました。

「大丈夫！　私も同じ病気だから、時々こうしてお茶を飲んで一緒に治療していこう」

母ちゃんは氷職人

暑い夏、「練習日や試合日に欠かせない物って何？」と子どもに質問すると、「バットとグローブ」と答えます。言うまでもなく、野球選手の必需品です。では、野球母ちゃんたちは何と答えると思いますか？　断トツで「氷」でした。やはり、お互いに責任範囲の必需品を答えるものです。

とはいえ、氷は母ちゃんたちの必需品だと思いますか？　母ちゃんたちはこれを、「チームの必需品」と考えているのです。誰が指示したわけでもありません。配慮でしょうか、母ちゃんたちは夏の氷は多めにつくっているのです。

かつては（私が子どものころの話ですが）、運動中に水を飲むことは厳禁とする指導者もいました。

「水を飲むとバテルぞ！　横っ腹が痛くなるぞ！」

　こんなことを言われていた時代は、水分補給をしないことが常識のように思われていました。しかし、その当時、熱中症にかかる子どもはほとんどいなかったのです。現在は気象環境の変化により、浜松市天竜区でも四〇度以上の猛暑日が連続して記録されたことがあります。全国で熱中症によって搬送される患者数は年々増え続け、最近では搬送者数が年間五万人を超え、死亡する事例も多いと言われています。

　夏、グランドで練習をするというのは、まるでサウナの中でするようなものです。子どもたちはもちろん、指導者も守らなければなりません。野球母ちゃんたちは女性なのです。たとえほかのことには気が回らなくとも、こと命の管理にはとても敏感なのです。

　さて、子どもたちには氷を入れた大きな水筒を持たせますが、ほとんどのチームでは共有の大きなウォータージャグを用意しています。これを持ち回るのが、いわゆる「お茶当番」です。ジャグには大きなブロック氷が入っており、常に冷えた状態となっています。

　それ以外にも氷は重宝します。具合が悪くなった選手や、怪我をした選手の身体を冷やすことにも使われます。また、保冷剤代わりにもなります。何にでも利用できる氷は、たとえ余ったとしても多いほうがいいのです。そのため、夏が近づくと、ほとんどの家庭の冷凍庫は満タン状態になります。フル回転で「バラ氷」をつくるほか、溶けにくい「ブロック氷」も必要です。その制作を通して、野球母ちゃんたちは優れた氷職人となっていくのです。

タッパーで凍らせたとき、そのタッパーを割ってしまった経験がありませんか？　牛乳パックを洗って使ってみたり、チャック付きのナイロン袋でつくってみたりと、さまざまな方法を試みて氷職人となった母ちゃんたちの制作持論、横で聞いているとうるさいほどです。

自己満足かもしれません。しかし、そこにエネルギーを注いでいる母ちゃんたちの思いやりが私は大好きです。夏の夜、父ちゃんたちがハイボール用の氷が欲しくて冷凍庫を空けたとき、その氷の多さに「おっ、いよいよ本格的な夏が来たな」と実感できるはずです。もしかしたら、氷の使用が制限されることでお酒の量が減ったら、しめたものです。

氷で満タンとなった冷蔵庫

母ちゃんたちの千羽鶴

高校生くらいになると、男の子たちは母親を敬遠するようになり、母ちゃんの出番がほとんどないという状況になります。子どもからのLINEの返事も、「了解」の一言があればまだよいほうで、既読したことが返事だと自ら慰めるときもあります。お腹が空いたとき、お小遣いが欲しいとき、探し物が見つからないとき、八つ当たりしたいとき、そんなときにしか子どもの脳裏には母ちゃんが登場しないようです。

そんな寂しい高校野球母ちゃんから聞いた千羽鶴の思い出、そのエピソードを紹介しましょう。

高校野球では、負けたチームが勝ったチームに自分のチームの鶴をわたしているシーンがあります。自分のチームの想いを甲子園まで持っていってくれという意味を込めたり、相手チームがさらに勝ち進むように、必勝祈願として送るわけです。これらを含めて千羽鶴には、選手や応援者だけでなく関係者のさまざまな思いが込められているのです。

夏の大会が近づくころ、母ちゃんたちも勝利を祈願して「千羽鶴」を折りました。それは、折り紙の色を利用して、たくさんの鶴で絵や文字を描いて応援幕に仕上げるという「文字鶴」で、見せていただくと、とても繊細で見事なものでした。

母ちゃんたちとは別に、女の子を中心にクラスメイトたちも「文字鶴」を一生懸命折ってくれていました。父兄にとっても大変嬉しいことで、いつも汗臭い息子たちを見ている母ちゃんにとっては、「やっぱり女の子っていいなあ」と、遠い昔に自分ももっていたであろう純粋さを思い出し、感謝の気持ちでいっぱいになる場面です。

こうして願いが込められた「文字鶴」が二つ、華やかに並びました。息子たちはというと、母ちゃんたちにはありきたりのお礼を述べるだけで、そっけない態度をとります。まあ、そんな愛想のなさはいつものことですから、どうということはありません。ところが、クラスメイトが折った文字鶴に対しては、豹変して嬉しそうな笑みを浮かべて一緒に記念撮影までしています。

母ちゃんのときとは明らかに違った反応を示したのです。この瞬間からです！　母ちゃんたちの目にはクラスメイトがつくった文字鶴は、自分たちがつくったものより大きく、センスのあふれたものに映り、それに対して張り合う言葉が飛び出しはじめるのです。

「大きければいいってものじゃないの。小さいと持ち運びに便利な

クラスメイトが折った千羽鶴

母ちゃんたちの自慢の千羽鶴

の。甲子園まで持っていくんだから！」

「派手で目立つかもしれないけど、私たちのほうがクオリティーは高いよね」

自分がつくったお弁当より、嫁のつくった色とりどりのキャラ弁に嫉妬する姑のような気持ちでしょう。せめて息子たちから、「老眼に鞭打って、よく頑張ったね、ありがとう」と笑顔で言って欲しいところです。

この「文字鶴」をデザインした母ちゃんの一人に、そのときの気持ちを聞いてみました。

「鶴の数は若干少ないけれど、この折り紙の一枚一枚には願いと名前が書かれていますから！見えない愛、無償の愛が満載だと声を大にして言いたいです」

この母ちゃんは、息子たちが喜んでくれる姿を想像することよりも、この鶴を折っている時間に、息子たちの頑張る姿を思い浮かべることが幸せなのだと言ったのです。おっしゃるとおり、母ちゃんたちが折った鶴は「見返りのない無償の愛」なのです。

いや、正直に白状をしておきましょう。本当は、そんなに美しい親子愛ばかりでもなさそうです。鶴を理由に姑根性をあらわにして、若い子に張り合ってみせる姿も母ちゃん同士ではコメディとなるのです。

「あ〜あ、あんたは嫌な姑になりそうだね」

こんなふうに、会話を楽しんでいる母ちゃんたち。息子への愛情だけでなく、パワフルな野球

Column

キャラ弁母ちゃん

さすが主婦！　野球母ちゃんのなかにもお料理が得意な人がいるものです。キャラクター弁当、略して「キャラ弁」をつくる職人母ちゃんに会いました。鈴木千春さんです。

2018年、高校野球開会式の日、彼女のSNSの投稿をのぞいたら、100回記念大会の幕を携えた「応援母ちゃん弁当」が紹介されていました。ほかにも、グローブやユニホームをかたどったクッキーなど、プロ並みの出来栄えです。彼女だって忙しいはずの野球母ちゃん、この原動力はいったいどこにあるのでしょうか。

2017年の夏の大会の日には、一枚、一枚に全員の名字が書かれたパズルクッキーが投稿されていました。タイトルは「一致団結」……誰一人が欠けてもダメだ！　という思いが伝わる作品でした。

2018年の夏にも、全員の名字が入った野球ボール型のパンが配られました。彼女が朝早くに起きて、これらをつくる姿を思い浮かべてください。キャラ弁づくりは、きっと勝利への願掛けなのでしょう、中にキットカット（きっと勝つ）を入れて焼き上げたパンのボールは、母ちゃん達の心にストライクなんです!!

全員の名字が入ったパンの野球ボール

母ちゃんたちのチームワークの証ともなるのです！

　そういえば、クラスメイトが折ってくれた文字鶴の文字は「和」、偶然にも母ちゃんたちの文字と同じでした。みんなの思いが一つになった瞬間です。襟をただした母ちゃんたち、クラスメイトに向かって、感謝の気持ちいっぱいに脱帽一礼をしました。

バリカン母ちゃん

　甥のリハビリのため、学校帰りに病院で待ち合わせをしたときのことです。待合室に入っていくと、坊主頭で学生服の少年が一人、ぽつんと座っていました。坊主頭って、無条件に触りたくなります。甥も不意打ちでないと触らせてもらえない年齢になってきたので、これは好機です。肩を叩く代わりに、うしろから頭にポンと手を乗せました。すると、まったく見知らぬ少年が驚いたように振り返ったのです。そう、人違いだったのです。本当に恥ずかしい思いをしました。もちろん、深々と頭を下げてお詫びをしましたが、今でも穴があったら入りたい出来事として私の記憶に残っています。

　数日後、この体験を同じチームの母ちゃんに話すと、お腹を抱えて笑い出しました。

「いや失礼、でも、分かるよ、分かる。コンビニでもどこでも、坊主頭を見かけると全員野球部だって思っちゃうしね。私もよく、坊主頭は息子だと思い込んで間違えちゃうよ」

この会話を横で聞いていたほかの母ちゃんたちも加わり、みんなが息子の坊主頭について語り出しました。

「それでも、よく比べると微妙に違うよね」

「うちの子は毛穴が密集しているのか、真っ黒だよ」

「うちは逆だな。地肌が白く見えているよ、汗が光って見える」

「うちの子は軽く天パがかかった感じ」

「うちの子は後頭部がちょっといびつなんだよね」

なるほど、同じ坊主頭でも微妙に違うものです。母ちゃんたちによる坊主頭の選別トークは大変愉快なものでした。

野球部の子どもをもつ親の場合、自宅にバリカンを置いてあることが多いものです。そんな家の母ちゃんは、当然、自分の息子の散髪をしたことがありますので、頭や髪の特徴をかなりのレベルで把握しています。五ミリでも髪が伸びると「ロン毛（ロングヘアー）」と呼ぶバリカン母ちゃんが言いました。

「うちの子、すぐにロン毛になるから、散髪代も馬鹿にならないんだ。だから、中学になってもずっとバリカンだよ」

実は、公式試合が近づくと、まるで願掛けか、自分に気合を入れるがごとく、頭を刈って試合に臨むというのが子どもたちの間では習わしとなっています。バリカン母ちゃんのお宅では、試合前だけでなく、ひんぱんにバリカンで息子の頭を刈り、最後にチクチクしたその頭をなでてでき上がりだと言います。

「月曜日にすっきりして学校に行けるように、日曜日の夕方は自宅の庭先が床屋さんになるんだよ」

子どもが嫌がる素振りを見せないと言いますから、最高のコミュニケーションです。羨ましいかぎりです。

ところが、そんなバリカン母ちゃんの床屋さんもついに閉店するという日が訪れたのです。数か月後、がっかりした様子でグランドにやって来た母ちゃんは開口一番にこう言いました。

「ねえ、聞いてくれる。息子がね、少しお洒落に

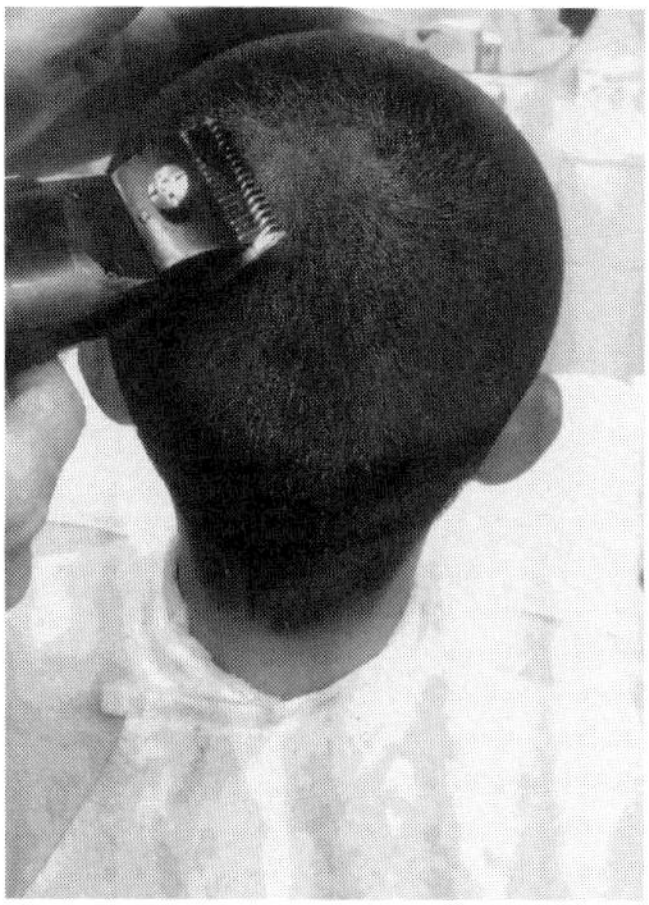

バリカンで刈る

目覚めたせいか、床屋さんへ行くって言い出したのよ。私に頭を刈らせてくれないんだよ」

こんなふうにして、母ちゃんの幸せなひとときが一つ失われてしまうのです。しかし、みなさん、こんな息子たちが床屋さんでどのように注文するかご存じですか？　やはり「坊主」なんですよね。何が違うのかって？　女の子の場合で言えば、床屋さんから「美容院に行く」と言い出すようなものでしょう。これも子どもの成長ですが、やっぱり寂しいものです。

その日、ほかの母ちゃんたちが、「ドンマイ」「いらっしゃい」「お疲れさま」とバリカン母ちゃんの肩を代わる代わる叩いていました。

母ちゃんの実況中継

母ちゃんたちは、息子のカッコいい瞬間を残すために、どちらかというと苦手な機械も使いこなせるようになっていきます。まずはカメラ。望遠レンズを交換する姿や、連続でシャッターを切る姿などはプロのカメラマン顔負けです！

一方、試合を動画に残したい母ちゃんの武器はビデオカメラとなります。それでなくとも荷物が多いのに、三脚を肩にかけての登場となります。長時間撮影ができる容量のバッテリーについて、「やっぱ、純正じゃなきゃだめよね」と分かったふうな言葉を発しながらそれを購入しているのです。

撮影のあとは、静止画でも動画でも、それをアルバムやＤＶＤに残して楽しむために長時間パソコンと格闘しますから、野球のおかげでアナログ人間からデジタル人間に近づけるようになります。

さて私ですが、録画母ちゃんでした。毎回、応援に来られない甥の父親は大の野球好きで、試合の様子が気になるわけです。「今日はどんな試合だったのか？」と聞かれても、私にはうまく説明ができません。そのため、しぶしぶビデオ撮影をしていました。

そもそも性格がおおざっぱですから細かい作業は嫌いで、機械が苦手なのです。前の日に充電することを忘れたり、試合に集中していると録画のスタートボタンや終了ボタンを押し忘れたりもしました。最悪なときには、球場の隅にカメラと三脚を置き忘れて帰りそ

母ちゃん達はカメラマン

うになったことさえあります。

　ある日、試合に来られない母ちゃんから声をかけられました。

「あの、厚かましくて申し訳ないけど、試合のビデオを貸してもらえない？　いつも行けないから、子どもが頑張っている姿を観たいんだ」

　この言葉を聞いてはっとしました。私の撮影したビデオには、確かに子どもの姿が映っています。しかし、あまりにも小さな姿です。野球ファンである男親がゲームを観戦するためのものとして、グランド全体を撮影していたからです。試合に来られないこの母ちゃんは、「それでもいい」と言うのです。そもそも、試合全体を観るつもりはなく、子どもが頑張っている姿、活躍している姿、そんな場面の一つ一つを遠目でもいいから見て、その雰囲気を味わいたいと言うのです。

　私が撮影したビデオがそんなふうに役に立つことを知って、嬉しく思いました。そして、もう一つ大切なことに気づいていなかったことも分かりました。それは、子どもだってその活躍するシーンを親に見てもらいたいということです。

　わが甥も、自分の活躍した場面を何度も巻き戻して、繰り返し見ながらそのときの状況や気持ちを身振り手振りで説明してくれるのです。こんなことを知ってから、可能なかぎりビデオカメラを回すようになりました。

　その後、中学校に入って次のステージへ進み、ガソリンスタンドを経営している父兄の子どもと同じチームに所属しました。定休日の関係からどうしても応援に行けなくて、夫婦でローテーションを組んで試合観戦に来ている様子です。延長になって試合時間が長引くと、後ろ髪を引かれながら帰っていく姿をよく見かけました。

その家の子どもはキャプテンを務めていましたから、試合以外にも、仲間への声かけやグランド整備を率先して行う姿など、両親に見せたい場面がたくさんありました。ある日、彼がホームランを打った日をきっかけに、私は差し出がましく録画したＤＶＤを差し上げるようになりました。

「ありがとう！　泥だらけで子どもが帰って来る日、僕らも仕事を終えて風呂に入り、家族で試合のビデオを観ながらビールを飲む、これが一番の楽しみになったよ」

こう言ってくれたことで、ビデオ撮影にやりがいを感じるようになりました。

とはいえ、こうしてでき上がった試合の動画に関しては、音声を消して観ることをおすすめします。なぜなら、録画していることを忘れて叫んでいる母ちゃんたちの声ばかりが聞こえてくるからです。かなり的はずれな実況中継が入っていますから、聞いているのが恥ずかしくなるほどです。しかし、そんな母ちゃんたちでも、正確に実況できるものがあるのです。

「ほら、バッターボックスに入ると必ずバットをあんなふうに振るのはうちの息子」

「うちの子は、人差し指を立ててバットを握るんだよね」

「あの身体の揺らし方ったら」

「もう、走者が気になって仕方ないんだから」

「あーあ、顔に悲壮感が出てきたよ」

バッターボックスに入るときの息子の癖、ピッチャーである息子の様子など、そう、母ちゃんたちは息子のしぐさに関してだけは正確な実況ができるのです。


ある日、私は住んでいる地域のイベント役を引き受けてしまい、大切な試合を観に行けないときがありました。イベント会場にはたくさんのお客さんが入り、集中しなければ……と思いながらも試合経過が気になっていました。そんなとき、ガソリンスタンドの母ちゃんから私のスマホにメールが入ったのです。

常日ごろから、機械に弱くてLINEもできないと言っていた母ちゃんからのメッセージ、そこには甥の活躍が伝えられていました。

「今、ホームラン打ったよ！　勝ったよ！　イベント頑張れ」

このメール、私にとっては最高に温かい実況中継でした。おかげでイベントも大成功に終わりました。夕方、試合から帰ってきた甥から出た言葉は、「キャプテンのお母さんがホームランを褒めてくれた！」というものでした。ガソリンスタンドの母ちゃん、行けなかった私の代わりに甥を応援して、私の代わりに声をかけてくれたのです。

第7章

息子への愛

仁義なき泥んこ遊び

坊主頭の息子はジャニーズ

何歳になっても、女性は「恋心」というものをもっていたいものです。しかし、野球母ちゃんたちのほとんどが既婚者ですから、ご主人以外の誰かに恋をしていたら大問題となります。とはいえ、世間では次のような恋をしているお母さんたちを見かけるはずです。それは、非現実的な恋、つまり韓流スターに夢中になったり、オリンピックの羽生結弦選手に黄色い声援を送っているという姿です。じつは、これだけで心は充分に満たされているのです。

LINEのアイコンには、それぞれ好みのアイドルが笑っています。オバサンまっしぐらと言われようが、こんなふうにアイドルに熱くなれるお母さんたちは可愛くて好感がもてるものです。もちろん、野球母ちゃんたちも同じような恋をしておりますが、ひと味違うオバサンぶりを見せてくれます。

数年前、こんなことがありました。高校野球の夏の大会がはじまろうとしているころです。一日の仕事が終わり、ようやく家事を終えて湯上りのビールを楽しんでいるという至福の時間に、高校野球母ちゃんの友人から電話がかかってきたのです。

「相談があるんだけど、あんたって、切り文字のステッカーつくれたよね?」

確かに、私の勤務先にはそれをつくれるだけの環境があり、私も操作できるのですが、仕事で使うものだから安易に紹介はできません。「何に使うの？」と質問しました。

「野球の応援に使うんだ!!　子どもの名前を入れた団扇《うちわ》をつくりたいんだよ！」

意気揚々と話す様子から、きっと今夜の父母会でチームの母ちゃんたちと盛り上がり、その勢いのまま電話をかけて来たのでしょう。じつは、この母ちゃんとは気心が知れた幼馴染です。どうせまた私をあてにして、自分が何とかできそうだとみんなの前で大見得を切ったのでしょう。

しかし、普段は大人しく、冗談を言っても絡みづらい真面目な彼女です。そんな彼女にしては、この夜は異様なテンションでした。何とか力になりたいと、心を動かしてしまうものを感じさせたのです。さっきまで飲んでいたビールも影響してか、私は思わず引き受けてしまいました。

「いいよ、いいよ、分かったよ、私も手伝ってあげるよ！」

早速、翌日の夜、「そういうことなら……」と勤務先も快諾してくれました。さすがに道具というのは素晴らしいですね。「応援うちわ」のネームシールは、難なくあっという間に完成しました。

むしろ貼り付けるほうが大変で、息子の名前を慎重に貼り付けると、彼女はそれをひっくり返したり、壁に立て掛けて置いてみたりと、さまざまな方向からいとおし気に眺め、年甲斐もなく飛び跳ねながら団扇を振ってみせました。

Column

偏差値の高い学校（高校野球母ちゃんの中谷由香さん）

県内で偏差値の高い高校と対戦するとき、相手の応援団を見て緊張してしまうのはなぜでしょう。子どもが賢いのだから、その親だってきっと賢いに違いないと思ってしまうからかもしれません。暑い夏、多くの高校がカラーにこだわったお揃いのTシャツを用意しているのですが、偏差値の高い学校の父兄は白のシンプルなポロシャツが多いような気がします。

光を反射させる白いポロシャツを着ている彼ら彼女らは、なんだか涼しげに見え、妙な余裕を感じてしまいます。「やっぱ、あの人らは頭いいわ」と額の汗をふきながらつぶやいてしまいます。

相手の横断幕に書かれている四文字熟語が難しくて読めないときも、「頑張れ！　高校球児!!」と書かれた自分達の横断幕と見比べて、「やっぱ、あの人らは頭いいわ」と頷きながら感心をしてしまうのです。

練習のあと、宿題をする間もなく寝るのが精いっぱいのわが子。相手だって同じ生活をしているはずなのに、優秀な大学を目指すという同じ高校球児です。文武両道の高校球児とその親に初めから怖気づいてしまうのです。

進学校のお母さん達は上品に見えてしまう

ところが、勉強嫌いの息子たちでもユニフォーム姿で整列すると、相手チームに負けず劣らず頼もしく映るのです。そして、その試合に勝つと、いつもより異常に嬉しがり、盛り上がってしまう母ちゃん達がいます。もちろん、私も同じ気持ちです。

あっ、この既視感《きしかん》は……そう、これはまさにジャニーズの応援そのものです。このような母ちゃんの姿は、もしかしたら世間では「痛々しい」と表現されるかもしれません。

「恥ずかしいったら、よくやるよ。もう、こんな時間になっちゃったよ」とあきれた言い方をして箒で床を履いていましたが、私の口元は緩んでいました。

彼女は笑みを浮かべたまま、まだ跳ねているように身体を揺らしながら、机の上の紙屑やハサミを片づけはじめました。お互いにもう若くはありませんが、息子を思う彼女の目は、少女のころに初恋を白状したときと同じくキラキラと輝いて見えます。

私もジャニーズのアイドルをこんなふうに本気で好きだったことがあったけ……そんな懐かしい気持ちを思い出し、楽しそうに若返っている彼女が可愛く見えた私は意地悪を言いたくなりました。

「そういえばさ、私がトシちゃんを好きだったとき、あんたはマッチ派だったよねえ！　昔から気が合わないね」

「だって、マッチのほうが絶対、かっこよかったじゃん！」

坊主頭の子ども達

こうなると、もはや小学生の争いです。こんな彼女も、今では二人の息子のベテラン母ちゃん、何だか心がほっこりとしてきます。忙しいばかりでなく、母ちゃんなりに楽しい時間を過ごしているのです。

子どもたちの試合は、ご執心《しゅうしん》のアイドルのコンサートに匹敵するくらい心が浮かれることもあります。誰よりも息子のファンでいる自分がいるからこそ、すべての苦労を乗り越えることができるのでしょう。

丸坊主頭、ニキビ顔で汗臭い息子たち、スポーツメーカーのジャージが一番のお洒落だと思っている息子たち。鍛え上げられたお尻は大きく、足が太い息子たちは、テレビのアイドルのようにしなやかな王子様ではありませんが、彼らがどんなアイドル

息子はジャニーズ

よりもカッコイイ瞬間を見せてくれることを母ちゃんたちは知っているのです。

もうお分かりですよね。野球母ちゃんたちのLINEのアイコンは、テレビのアイドルではありません。そんな息子のユニホーム姿なのです。

この年の高校野球の夏の大会、私もそっと応援に行きました。観客席には、彼女のチームの野球母ちゃんたちが団扇《うちわ》を持って応援している姿がありました。坊主頭のアイドルに声援を送る母ちゃんたちは、ブラスバンドのリズムに遅れて、不器用に団扇を振っていました。

子どもの野球離れ

サッカーが大人気となっている昨今、子どもの「野球離れ」についてよく話題になります。先日、ある男性指導者から、「今どきの母親は、負担が大きいからと言って、子どもに野球をやらせてあげないんだよね」という言葉を聞きました。

「えっ⁉　そんなことまで母ちゃんのせいだと思われているの？」

ここだけを聞くと反論したくなりますが、指導者の言葉からは「野球母ちゃん」である私たちに対して「よく頑張っているね」とねぎらう意味が含まれていることを感じましたし、子どもの野球離れについて残念に思っている雰囲気がひしひしと伝わってきました。

とはいえ、母親の野球離れが子どもの野球離れだという意見も実際にはあるようです。そういえば、外部のお母さんたちがもっている野球部のイメージ、私はそれを知ろうとしたことがこれまでになかったように思います。毎週末、忙しそうにしていると、「ほかの部活動とは違う」とか「私には絶対無理」といったことを周りから言われたことがありますが、とくに深く考えることもなく聞き流していました。

やはり、野球に対して抵抗があるという母親もたくさんいるのでしょうか。これは取材してみる価値がありそうだと、野球部以外の子どもを育ててきた友人たちを集めて次のようなことを尋ねてみました。

「もしも、自分の子どもが野球部に入るって言っていたら入部させた？」

子育てを終えた友人たちを集めたのは、遠慮なく本音で語ってくれると思ったからです。案の定、その期待は裏切られることはなく、辛口のいろいろな答えが返ってきました。

「できれば野球を選んで欲しくないけど、子どもが希望したら覚悟を決めたと思う」

「私も、野球部はちょっと勇気がいるな。でも、子どもにやりたいって言われたら、一緒にがんばるしかないなあ……」

やはり、親の負担が大きいというイメージがあるようです。できることなら、野球部は避けたいというのが本音のようです。それでも、子どもが選んだのなら希望どおりにやらせてあげたいという母親が圧倒的に多かったです。しかし、なかには次のようにきっぱりと答えてくれた母親もいました。

「うちは絶対にやらせない。お付き合いも、当番も、私には無理。それに、野球は理解できない！」

彼女は、どうしても野球自体を受け入れられないという様子でした。私自身は野球部の父兄ゆえ、その理由をこれ以上聞くことはできません。ところが、先の回答をしたほかのお母さんがあっけらかんと質問をしていました。

「どうして？　野球なんか分からなくたっていいじゃない。野球を観に行くわけじゃなくて子どもを観に行くんだから。そのサポートや、父兄の役割分担をすればいいんでしょ？」

「そう、そう、どうせやるなら楽しくやりたいと思うしね」

そんな言葉に私は大きく頷いていましたが、彼女は浮かない顔のままです。

「厳しいのがどうしても苦手なの。うちは兄弟も多いし、当番のことなど完璧にやれる自信がないからトラブルになるのが心配なの。それに、熱心なのもダメ。子どもが下手ならばチームの足手まといだと思われるし、上手ならばライバル意識が過剰になる。野球って、そんな特別なイメージがあるの」

子育て知らずの私の場合、野球に関しては無知だったからこそ、何も考えずにすんなりと入っていけたのだと思います。野球に対して悪いイメージを描いてしまうと、かなりの勇気がいるもののようです。つい、「今の母親は、負担が大きいからって子どもに野球をやらせてあげないんだよ」という言葉を思い出してしまいました。

もしかしたら、母ちゃんの野球離れは事実かもしれません。しかし、そこには誤解があるような気がします。子どものための「負担」は越えていけるのですが、その負担に対して、完璧にこなせるだろうか、できなかったときにトラブルとならないだろうか、そんなふうに怯えてしまっているようにも思えます。「負担」が大きいからではなく、男性的であり、知らない世界に対して構えてしまい、「不安」のほうが大きいのかもしれません。

それからしばらくして、地域の奉仕活動（草刈り）での休憩時間、八〇歳になる男性と次のような話をしました。

「いつだったかなあ、『世界一受けたい授業』（日本テレビ）という番組を見ていたらさ、勝利のあとに校歌を歌い、応援団に涙の一礼をする高校野球が外国人からすると軍国主義に映るんだって。今の若いお母さんたちはそれを嫌う人が多いのかも」

そして、こんなことも言っていました。

「『巨人の星』ってマンガがあったよね。親父が卓袱台《ちゃぶだい》ひっくり返して、お姉ちゃんが木の陰で泣きながら見守るやつ。今の子じゃ考えられないだろうね」

なるほど、野球のイメージのなかには「軍国主義」と「スポコン」があるんだ。もちろん、それが子どもの野球離れの原因とは思えませんが、とても興味深い話でした。

そんなことを考えながら草刈りに戻り、身をかがめました。そして、額から滴《したた》り落ちる汗を拭いたとき、ふと子どものころの夏休みが蘇ってきました。

そのころ、私にとって野球はまったく興味の対象に入っていませんでした。テレビは一家に一台という時代、夏休みにプールから帰ってくると、居間にあるテレビ画面には高校野球が映っています。そこからは、ブラスバンドとアナウンサーの声、そして時々響くバットの音とともに歓声が聞こえてきました。

外へ遊びに出掛けると、男子たちはそれぞれ大好きな野球チームの帽子をかぶっているというのが当たり前でした

野球帽をかぶる昭和の子ども

し、狭い空き地に三角ベース、そこでの草野球が彼らの遊びと決まっていました。

夜だって、エアコンのない居間で、父親がビールを飲みながらプロ野球のナイター観戦というのが日常でした。ほかのテレビ番組を見たいときもありましたが、テレビの前で、膝を叩きながら声を出して応援する父親に向かってそんなことを言い出すだけの勇気なんてありませんでした。もちろん、軍国主義やスポコンを感じたこともありません。

これらの光景は、私にとっては夏の風物詩の一つにすぎず、当たり前のものとしてそこに存在していました。野球人気が不動の時代だったのかもしれません。そして今、どれくらい子どもたちが野球離れをしているのか気になったので調べてみました。

二〇一八年五月一二日、LINEの「livedoor news」で次のような記事を見付けましたので、抜粋して紹介します（数字は漢数字に変更）。


中学軟式野球部員は七年間で一二万人減った

日本中学校体育連盟（中体連）では、加盟校数と在籍生徒数について毎年詳細な数字を公表している。最新の資料によれば、実は加盟校数では二〇一〇年から二〇一七年まで一貫して軟式野球部が一位になっている。だが、その数は毎年少しずつ減り続け、二〇一二年には全国で八九一九校だったものが、二〇一七年には八四七五校になった。

生徒数の減少はさらに顕著だ。毎年一万人以上ずつ減り続け、二九万一〇一五人から一七万四三四三人まで減少した。その間、生徒数ではずっと二位につけているサッカー部は、二〇一三年まで逆に毎年一万人ずつ増え続けている。それから下降に転じるが、それでも二〇一七年で二一万二二三九人であり、二〇一三年時点からさほど変わっていない。少子化による就学人口の減少を考えるとむしろ健闘していると言えるだろう。対して軟式野球部員は七年間で一二万人と、これまでにないスピードで減っている。このペースでいけば、一〇年余りで中学校の軟式野球部員は〇人になってしまう計算だ。

硬式軟式問わず、中学チームに入団してくるべき小学生（軟式学童）の競技人口の減少も深刻だ。これはひとつの例にすぎないが、東京の葛飾区では一〇年前に約六〇チームあったのが、現在では三五チームほどになってしまっているという。どこの地域で話を聞いても、状況は似たようなものだ。近隣に住む子供たちを集めて野球チームを結成し、野球経験のあるお父さんが監督やコーチを務めて子どもたちを指導するというモデルが、急速に崩壊しつつある。

小学生、中学生の野球離れが進んでいる理由は、さまざまに推測されている。野球遊びができる公園や広場がなくなり、友達同士や親子でキャッチボールをすることすらままならない土地事情に原因を求める意見もある。用具が専門的で費用がかかることも大きな要因の一つとされる。あるいは、旧態依然とした高圧的・強権的な指導法がよくないという意見もある。少年野球チームに子どもを入れると、お茶当番や送迎など親の負担が大きいことも嫌われているという。(野球審判員 粟村 哲志) http://news.livedoor.com/article/detail/14704112/

最後の一行についてなら保護者としての経験を語れるのですが、難しい問題について考え、何かコメントができるほど勉強をしていませんし、言える立場でもありません。申し訳ありませんが、読者のみなさんにお任せします。ひょっとしたら、子どもが野球を希望しても「野球をやらせない」と言った母親は、その生真面目な性格からこのような情報を入手していたのかもしれません。

さらに、選択する場面では悪い情報のほうに意識が向いてしまい、臆病にさせたのかもしれません。自分のことなら飛び込んでいけても、子どもに関することには慎重に、臆病になるというのも母親の愛情だと思います。

参考になるか分かりませんが、私が子どもの野球に携わってきてこれまでに一番辛いと感じた出来事は、保護者の負担が大きかったことではありません。田舎のチームが抱えていた問題、まさに選手(子ども)不足でした。それが理由で、時に、子どもたちが楽しみにしていた試合を棄権しなければならなかったことがあったのです。

棄権すると分かった日、小さな肩を落とし、うつむいた子どもたちの後ろ姿はいつもよりもずっと小さく見え、忘れることができません。毎年、新チームになるたびに、翌年の入部対象となる子どもの人数を数えたり、廃部の心配をしたりと、部員不足の悩みは絶えることがありませんでした。

部員確保という課題が大きく、ほかのスポーツクラブから選手をレンタルしたり、他チームとの合同チームで出場するなどして切り抜けてきましたが、子どもの口から「僕たち、野球がやれなくなっちゃうの？」という言葉が発せられたときは、泣きたくなるほどやるせない思いをしたものです。

あのスポコンマンガ『巨人の星』が大人気であった時代、いったい子どものスポーツ環境はどのように活気づいていたのでしょう。再び私が子どもだったころの話となりますが、当時の母親たちは、スポーツに対してそれほど熱かったという印象がありません。記憶では、バスケットの練習へ行く私を母親は「行ってらっしゃい」と見送り、試合を観に来たことさえなかったと思います。

ほかの親も同じでしたし、バスケットについてまったくと言っていいほど無知でした。ただ、いつも「お帰り」と迎えてくれ、夕飯のときにはその日の出来事を笑って聞いてくれました。

それからすると、時代は移り、環境も、指導者も、保護者の取り組み方も大きく変わったと言えます。母親がグランドへ登場する場面も増え、負担も大きくなったことだけは間違いありません。

そんななか、慣れない母親たちは周囲の動きにひたすらついていくのみ、となります。そして、人が集まれば当然、人間関係に戸惑うこともあります。『巨人の星』の明子（飛雄馬の姉）のように、こっそりと木の陰で涙を流すことはありませんが、スポコン時代とは意味合いの違う「陰の涙」が存在するのかもしれません。

「ねえ、『巨人の星』って知ってる?」と私がぼんやりつぶやくと、

「どうした? どうした? なんで花形満は髪が長いのよ?って話か?」と言って、スポコンマンガに突っ込みを入れてくるおおらかな母ちゃんが側で笑います。これが野球母ちゃんを楽しくさせてくれる魅力なのですが、考えてみると、そんな母ちゃんたちの団結が強く見えて、そこに溶け込んでいけないと悩んでいる母ちゃんもきっといることでしょう。

私たちのチームにも、溶け込めずに一人でポツンといる母ちゃんがいました。しかし、「僕たち、野球がやれなくなっちゃうの?」と子どもに言わせてしまうチームだったからこそ、いつしか彼女はほかのスポーツクラブからレンタルした子どもたちのために、道具の手配を率先してするという逞しさを見せるようになりました。

当番や送迎などにも「負担」を感じることがなくなり、共通の課題を乗り越えることで母ちゃんのチームワークが形成されていったのです。そう、野球をやりたいという子どもに野球をやらせてあげられること、それがただ嬉しかったのです。

とはいえ、それぞれ事情もチーム環境も違うでしょうから、みなさんにとってグランドが苦痛な場所でないことを祈るしか私にはできません。子どもが入部した以上、今の時代のやり方に付き合っていくしかありませんが、私たちの母親世代がそうだったように、野球そのものが分からなくてもいいと私は思います。

野球音痴、コミュニケーションが苦手、そのような不安を抱えて頑張りすぎなくても、子どもへの深い愛情はみんな同じです！　試合を重ねていくうちに、自分の子どもだけでなくチームの子どもたちに目が行くようになり、それぞれの特徴がいとおしく感じられるようになってきます。そうなれば、母ちゃんたちの会話も自然に増えて、野球が身近なものになるという感じがします。

ひょっとしたら、明るく見守る母ちゃんたちこそが、野球離れした子どもを呼び戻す鍵かもしれません。「今週末も野球……」とため息をつく母ちゃんよりも、子どもはやっぱり、母ちゃんが笑っていられる環境が安心で、大好きなはずです。

野球マニア

野球について取材を重ねているうちに、ふと気づいたことがあります。専門的な知識や、その魅力について自説をもっている人が結構いるということです。

じつは昨年（二〇一七年）、私はJR飯田線に関する本を書いています。その原稿を書く際、鉄道マニアに出会ったことで、一口に「鉄道ファン」と言っても、かなりの分類があることを知りました。

「鉄ちゃん」という呼称に留まらず、列車や線路を撮影する「撮り鉄」、電車に乗ることを楽しむ「乗り鉄」、そのほかにも、鉄道の歴史を調べることを楽しむ人や、時刻表についてJR職員のように詳しい人、模型好き、駅弁好きと多様ですし、最近では、電車好きな子どもを電車に乗せる「ママ鉄」などといった愛称も登場しているようです。

野球ファンについても、これらと似ているように感じました。幅広い視野で野球を好きな人がいるわけですが、プロ野球チームに集中して熱烈に愛する人、プロ野球はまったく知らないけど高校野球が好きな人、野球カードをひたすら集めている人、観戦好き、教え好き、ルール好き、評論家など、こちらもさまざまです。

先日、高校野球を観戦していたとき、「撮り鉄」に負けない勢いで高校野球を撮り続けているという女性を紹介されました。独身の彼女ですから、もちろん自分の子どもが出ているわけではありません。炎天下であろうとも球場に駆け付け、プロカメラマンのように素晴らしい機材で球児の一瞬の姿を追いかけています。この彼女以外にも、野球には興味はないけれどブラスバンドを楽しみにやって来る人、応援団と一緒に応援パフォーマンスを踊るためにやって来る人などもいますから、驚くばかりです。

そういえば、友人のなかに明るくて気のよい肝っ玉母ちゃんがいます。彼女は審判員をしている息子を見るために球場に現れます。

公式審判員には階級があって、試験を受けることでその位置が決まります。県の野球連盟のなかで支部登録がされ、試合日程と本人の都合を調整したうえで各球場に派遣されます。彼女の息子のように、若手の審判員が増えていくことは野球関係者においては大変喜ばしいことです。ちなみに彼は、夏の高校野球大会でジャッジできるだけの資格をもっていますから重宝な人材となります。

審判員をしている息子を追いかけて球場に行く、少し変わった「追っかけ母ちゃん」に興味が湧き、その親子二人と待ち合わせて話を聞かせてもらうことにしました。息子さんは二〇代の若者で、高校時代は野球部の主将を務めていましたが、少年野球をしていたときから審判の動きが非常に気になっていたと言います。その理由を質問しようとすると、威勢よく追っかけ母ちゃんが口を挟みました。

「そうよ、家に帰ってきて、いつも審判の動きの真似をするんだけど、これがものすごく上手なわけよ。バッターの動きなんかはまったく真似をしないのに、審判の真似ばっかり！」

もちろん、彼は野球も好きなのですが、不思議なことに、審判に訳もなく惹かれてしまったそうです。選手として甲子園に行けなかったから、審判で甲子園を目指したいのか……と思われがちです。事実、かつて新聞記者にもそのように質問されたことがあるようです。しかし、話を聞いていると、どうやらそういう訳でもなさそうです。野球で目指せなかった夢を審判員として叶えるのではなく、彼にとっては、審判員という役割こそが

審判員の息子

一番の希望だったのです。

「学生時代のことですが、練習試合があると、部員のなかから審判員を出すわけですよ。部員が一〇名いたら、審判をやりたい子、やってもいいという子、やりたくない子、に分かれます。たいがい、やりたい子っていうのが一人くらいはいるもんですが、それが僕でした」

「なるほど！　でも、公式審判員になろうと思ったきっかけは何だったの？」

「学生時代、この子は審判を好きでやっていると感じたり、審判員になる素質があることが分かると、公式審判員さんが声をかけてきて、その場で教えてくれたりしたんです。そして、最終的には『正式にやってみないか』と言ってくれたんです」

気持ちがいいほどはっきりと答えてくれるさわやかな若者、好感度が上がりっぱなしです。

正直に言いますと、私には審判員が試合の脇役に見えています。遊びたい時期の若者が、会社の仕事から開放されてようやく自由に過ごせる週末、そんな休日にベテランの審判員たちとともに過ごす時間、それはまるで会社と同じく「縦社会」のなかにいることになります。緊張や気疲れだって多いことでしょう。

そのうえ、観客が納得できない判定を下したりすると悪役にもなってしまうのです。そんな役目をわざわざ選ぶなんて、私には彼が審判員を務めていくだけの魅力がつかめませんでした。ゆえに、質問を変えてみました。

「大きな球場で審判員を務めるときと、選手としてその場に立ったとき、どっちが緊張した？」

追っかけ母ちゃんがまた興奮気味に割り込みました。

「そりゃ、審判よね。私だって、選手のときよりも緊張したもの！」

母ちゃんとは反対に、息子のほうは落ち着いて答えます。

「まず、選手のときと違ってチームメイトがいないので、怖いですよ。判定に関する外野の野次だって聞こえてきますからね。それに、勝敗を決めるアウトかセーフかの大事なジャッジの瞬間、観客が息を呑み、判定の叫びを合図に、歓びのざわめきと落胆の溜息が双方から聞こえてくるんです。一つ間違ったら、選手の一生を左右する判定になるかもしれないだけにかなり責任を感じます」

判定を下す瞬間は緊張や孤独感といったことが理由で震えそうになるけど、その判定を待つ観客の静けさに鳥肌が立つほど高揚してくるとも話す彼、審判というポジションの醍醐味について、確信めいた笑みを浮かべていました。

数時間一緒にいて、彼の声の大きさや堂々とした物言いから、余裕をもって状況を把握する力や判断力に長けていることが分かりました。そもそも審判員に要求される資質を兼ね備えているのか、それとも自然と身に着いていったものなのか私には分かりませんが、好奇心が自己啓発への入り口であることを実感しました。

彼の話を聞いていると、私も審判員への興味が湧いてきたので、「次の試合では審判の動きに注目してみたい」と言ったら、「待ってました！」とばかりに追っかけ母ちゃんが目を輝かせました。

「そうなのよ、審判を観ているのもなかなか楽しいのよ。息子が一塁側の審判ならばバックネットの一塁寄りに、三塁の審判ならば三塁寄りに座るの。試合中、審判の判定にクレームをつける観客の声が聞こえてくるときもあるよ。でも、心の中で『審判の権限は絶対なんだから』と跳ねのけるの。息子が少年野球をやっていたときには、こっそり審判にクレームばかりつけていたけどね」

審判員が試合を支配する最高権力者であることで、試合そのものが円滑に進むのです。もちろん、悪者扱いされるときもあるでしょう。その存在感や感情さえも表に出さず、最高のジャッジをすることに徹している。そんなことを知ると、審判員が高倉健さんのように控えめな渋さをもった存在に思えてきます。

「野球マニアって、やっぱりあるよね。だとしたら、あなたはもちろん審判マニアだよね？」とつぶやくと、追っかけ母ちゃんがきっぱりと言いました。

「いや、そりゃあ、もちろん息子マニアでしょう！」

ウタマロ石けん

「ウタマロ」と聞いて、あの鮮やかな緑色の石けんのことが頭に浮かんだあなた、もしかして野球母ちゃんではありませんか？　いや、野球母ちゃんでなくても、ウタマロ石けんを使った人は多いことでしょう。

甥が中学の野球部に入ったばかりのころです。練習試合を見に行くと、学年が一つ上の母ちゃんが二人、試合も見ないで真剣な顔で話し込んでいました。私は少し離れた場所に座って試合を見ていましたが、夢中になっている二人の表情を見て、どうしたんだろう？　何を真剣に話し込んでいるんだろう？　何か困ったことでもあったのかな？　と心配をしていました。

試合が終わろうとするころ、二人の母ちゃんの側に座っていた片方のご主人がこちらにやって来て首を横に振り、あきれたように言いました。

「あの二人、試合も見ずにさぁ、ずっと今まで何を話していたと思う？　洗濯の話をしていたん

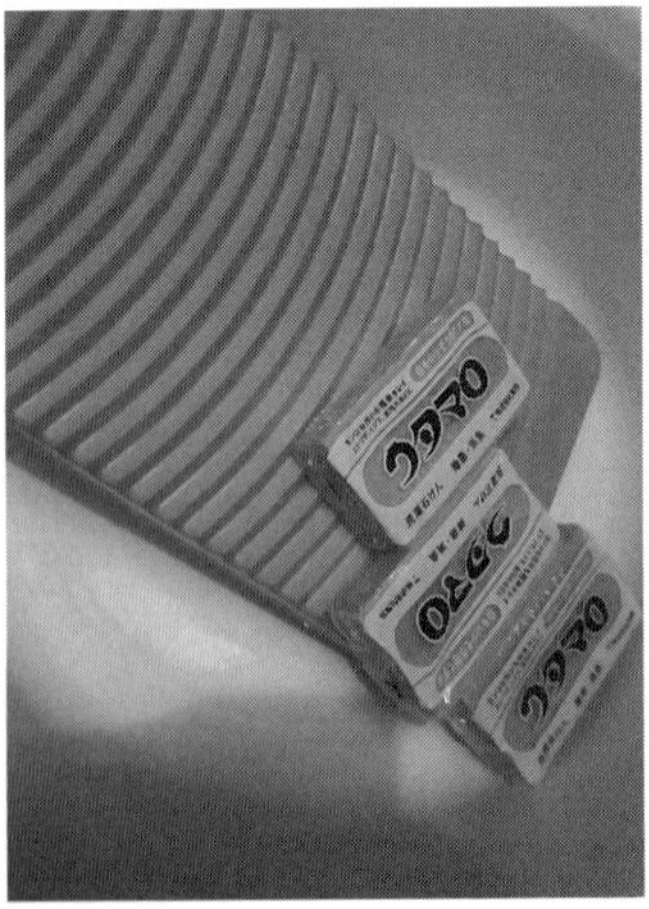

ウタマロ石けんと洗濯板

だよ」

それを聞いたほかの母ちゃんや父ちゃんたち、思わず吹き出してしまいました。野球母ちゃんたちは、洗濯の話をすると野球の一試合分、つまり二時間くらいは平然と語ることができるのです！

それほど、野球母ちゃんにとって洗濯はとても重要な仕事なのです。全自動洗濯機がある時代ですが、いきなり洗濯機に練習着を入れても泥汚れは落ちません。だから、洗濯板でゴシゴシとこすり洗いをするという手間が必要なのです。こんな場面で、ウタマロ石けんは重宝なアイテムとなります。

私がこの石鹸のことを初めて耳にしたとき、落語家の名前かと思ったぐらいユニークなネーミングとなっています。本書の読者で知らない人はいないと思いますが、製造元である「株式会社東邦」のホームページを引用するかたちで説明文をしておきましょう。

ウタマロ石けんの本社（株）東邦

ウタマロ石けんの最大の特長は、その汚れ落としの力。通常の洗濯では落ちにくい泥汚れ、エリ・ソデ汚れ、化粧品汚れ、食べこぼし汚れなどのガンコな汚れをしっかり落とします。水に溶けやすく塗りやすい石けんですので、汚れや生地になじみやすく、生地も傷めにくい石けんです。さらにウタマロ石けんは、通常の洗濯で失われていく衣類の白さを取り戻すために蛍光増白剤を配合しています。もちろんこの蛍光増白剤は安全性が確認されているものを使用しています。

ウタマロ石けんは安価でありながら汚れがよく落ちるので、野球母ちゃんだけでなく、子育て中のお母さんも使っていらっしゃる人が多いことでしょう。少なくとも、野球母ちゃんたちはウタマロ石けんに助けられてきました。とくに、公式試合のときなどは、大きな球場となって土が違います。難儀なことに、泥汚れが落ちにくいのです。

ある母ちゃんは、汚れを取りやすくするためにタライに練習着と洗剤を入れて、いわゆる「つけ置き洗い」をするのですが、そのままにしてうっかり朝まで眠ってしまい、かえって全体を茶色に染めてしまったという失敗を何度も繰り返しています。

仲間が白い練習着を着ているなか、自分の息子にだけ、煮しめの鍋に入れたような茶色の練習着を着せるわけにはいきません。しかし、みんなが同じく茶色なら問題ないのです。ついに、洗濯に嫌気がさしたこの母ちゃんは、勇気を振るって次のような提案をしました。

「ねえ、みんな、どうせ汚れるからさ、いちいち擦って汚れを落とさずに、練習着は簡単に洗おうよ！　試合のときだけ白いのを着ればいいじゃん！」

半分本気、いやほとんど本気で「擦り洗い撲滅！」を切り出してみましたが、ほかの母ちゃんたちは相変わらず、しっかり白くなるまで擦り洗いをしています。

「どうしてなの？　まあ、いいわ、つけ置きして眠ってしまうくらいなら、私は洗濯機にいきなり入れて洗うから」

こうつぶやきながら、自分が思っていたよりも白くなるものですから、満足して続けていました。ところが、いつの間にか洗濯機の音が大きくなってしまったのです。

「ねえ、最近、家の洗濯機、音が異常に大きいんだけどさあ」

それを聞いたほかの母ちゃんが意外なことを口にしました。

「土や砂が洗濯機につまって故障したんじゃない？」

汚れは活躍の証

洗濯ものと洗濯板

それが原因かどうかは分かりませんが、しばらくして、その母ちゃんの洗濯機は壊れてしまいました。見た目の白さだけを気にしていた母ちゃんには、洗濯機の悲鳴が聞こえなかったのです。洗濯の悩みは尽きることがありません。兄弟で野球部に所属していたら、干したあとはどっちのソックスか分からなくなりますし、試合が続くときは、夜に干しても翌日の早朝までに乾かないこともあります。それでも母ちゃんたちは、どんなに疲れていても気持ちを奮い立たせ、お風呂場にタライを出して洗濯板に擦り付けて洗うのです。

こんな日々を繰り返していると、ユニホームの汚れ方でどんな活躍をしたのかが想像できるようになります。試合が見られなくても、その風景を想像しながら洗濯をし、その一日を、さまざまな想いをめぐらせながら振り返るのです。私には、そんな野球母ちゃんの姿が、お風呂場で日記を綴っているように感じられます。

日本中学校体育連盟の夏の大会が終わり、先輩が中学野球を引退する日のことです。

「本当に、明日から洗濯しなくていいの？　ねぇ、本当に⁉」と、一人の先輩母ちゃんがまるで実感が湧かないように言いました。

「嫌だ、寂しい、ウタマロまだ残ってるもん……」

こう言って涙ぐんだのは、「ああ、また帰ったら洗濯だ、もう嫌！」といつも嘆いていた母ちゃんでした。

ところで、このウタマロ石けんの本社（工場）が大阪にあることを知りませんでした。出版社の編集者から教えられたのですが、俄然その本社を見たくなりました。その思いを編集者に伝えると、「それでは、問い合わせてみましょう」ということになり、訪問およびインタビューが実現したのです。ウタマロ石けんにお世話になっている野球母ちゃんのためにも、そのときの様子を紹介しましょう。

暑い！……。二〇一八年四月から「大阪メトロ」として再出発をした地下鉄の改札口を抜け、階段を上がり、通りへ出たところで私は思わず顔をしかめました。

台風19号のあとを台風20号が追いかけるように四国・近畿地方を通過したあとの大阪は、前日に心配した暴風雨がまるで嘘のような陽射しです。さらに湿度も手伝って、午前中だというのに蒸し暑さを感じました。

二〇一八年八月二四日の午前六時、私たち野球母ちゃんの四人は、ＪＲ浜松駅から新幹線で大阪へ移動し、大阪メトロ千日前線の終点、南巽駅に向かいました。これから（株）東邦（ウタマロ石けん製造販売元）を訪問するためです。その目的は、野球母ちゃんたちの日常用語として頻繁に登場する「ウタマロ石けん」についての取材です。

しかし、この場に到着した時点では、質問したかったことがすっかり頭から抜けていました。

というのは、池谷弘子を含む野球母ちゃんたち三名が今回の取材に同行することになったため、私自身の目的が変わってしまったのです。ここに到着するまでに、次のような経緯がありました。

「ねえ、私、取材でウタマロの会社に行くことになったよ」

私がそう言った途端、目を輝かせて、

「私も行きたい、ウタマロの会社に入れんの⁉」

「そんな機会、めったにないよ！」

「人気のライブチケットをゲットするより自慢できる！」

身近にいる母ちゃんたちから予想以上の反応があり、そこで（株）東邦の許可を得て、彼女らと一緒に会社を訪問することになったのです。

大阪に向かう電車の中で、ウタマロ石けんについて聞きたいことを彼女らに尋ねたのですが、すぐにウタマロ石けんに対するそれぞれの思いに話題が変わってしまいます。そんな話を聞いて、まずは野球母ちゃんたちがウタマロ石けんを愛している気持ちを相手に伝えなければいけないな、そんな使命感が私のなかで大きくなってしまったのです。

地上に出て、通りの路地を左に曲がれば、すぐそこが（株）東邦です。大阪メトロの南巽駅の真上に位置していますから、方向音痴の私たちでも迷うことのない場所です。まず目に入ったのが、社名が書かれたプレートです。

「え？　会社名ってウタマロじゃないの？　ここでいいの？」

と言いだす母ちゃんたち……。そのプレートは、あの見慣れたウタマロ石けんのカラーです。愛着のある色を見て、早速、自分の心が浮き立っていくのを感じました。

私たちを迎えてくれたのは、代表取締役社長の西本武司氏です。そして、女性スタッフが三名同席してくれました。野球母ちゃんが四名で伺うことを事前に伝えてあったからでしょうか、女性スタッフが同席してくれたことで大いにリラックスできたのですが、そうなると大人しくしているメンバーではありません。

三人の母ちゃんを黙らせつつ、彼女らの視線を感じつつ、野球母ちゃんの代表として、しっかりとウタマロ石けんに対する感謝の気持ちを伝えなければなりません。興奮気味に、私だけが自分の思いを捲し立ててしまいました。

しかし、ここまで来たからにはやはり質問も重要です。誰もが聞きたくなるであろう、その商品名と独特なカラーについて尋ねることにしました。すると、商品名について、西本社長はウタマロ石けんの歴史を織り混ぜながら、次のように語ってくれました。

㈱東邦は大阪市東成区に、「西本石鹸製造所」として一九二〇年に創業した会社です。その後、一九四九年に社名を「東邦油脂（株）」としています。実は、ウタマロ石けんの販売をはじめたのは東京の「宮井産商（株）」でした。宮井産商（株）のOEM（相手先ブランドの商品を製造する会社）として出合ったのが「東邦油脂（株）」、つまり現在の（株）東邦です。

日本一の洗濯石鹸をつくりたい！――そんな宮井産商（株）の社長にこたえようと、当時の社長（西本辰蔵氏）が油の種類や配合比率の研究を繰り返し、理想の洗濯石鹸を完成させました。それがウタマロ石けんです。浮世絵の熱烈なファンであった宮井産商（株）の創業社長が喜多川歌麿のことを日本一の浮世絵師と仰いでいたため、その名前にちなんで「ウタマロ石けん」と命名され、一九五七年に誕生しました。

石鹸の色については、野球母ちゃんたちの間で「緑色だ！」「水色だ！」など意見が分かれていましたが、この闘いはあっさりと緑色派に軍配が上がりました。（株）東邦においては、この色を「エメラルドグリーン」としているそうです。

なぜ、このような鮮やで爽やかな色をしているのでしょうか？　はい、それにもちゃんと理由がありました。洗濯汚れのほとんどは暖色系の色をしています。言われてみれば、泥汚れは茶色、ケチャップなど食事の汚れ、化粧品汚れも暖色系です。当時、廃油を使用してつくられた石鹸のほとんどが茶色をしており、汚れなのか、石鹸をつけた場所なのかがはっきりしませんでした。

それを区別するために、寒色系の色を使用することになったということでした。

こんなふうに、消費者ニーズを考え抜いてつくられたウタマロ石けん、洗濯板でこすって洗うというスタイルが一般的であった時代は洗濯物全体を洗う洗剤としてとても重宝されました。ところが、激動の時代がやって来ます。

一九六〇年代、電気洗濯機の普及とともに「粉洗剤」が洗濯洗剤の主流となると、ウタマロ石けんの売上は激減し、一九九八年、販売元の宮井産商は廃業してしまいました。ウタマロ石けんも廃番とされる危機に陥りますが、それを救ったのが消費者の声でした。

製造元の（株）東邦には、「ウタマロ石

西本武司社長（右）にインタビューする著者（左手前）

けんをなくさないで！」「代えが利かない商品だ」と、ウタマロ石けんを残したいと切望する多くの声が寄せられたのです。そこで（株）東邦は、製造だけでなく、ウタマロ石けんの販売業務まで引き継ぐことになり、関西圏での販売へと移行していったのです。

ここまでの話を聞き、相当のウタマロファンだと自負していた私ですが、急に恥ずかしくなりました。製造・販売に携わってきたみなさんもそうですが、ウタマロ石けんを必要としている消費者の、想像以上の熱意には驚いてしまいました。

「ウタマロ石けんを守ったのは、実際に使用する多くの主婦の声だったのですね」

と、私が西本社長の言葉を繰り返しながらメモを取ると、社長は机の上で両手を組み、消費者への感謝の気持ちをさらに続けました。

「そうなんです。この商品は消費者に支えられてきました。同じ部活のお母さんからお母さんへと伝えられて、本当に嬉しいかぎりです!!　野球の練習着はスライディングで擦り込んだような泥汚れが代表的なものですが、サッカーの場合も同じような汚れがあります。また、スポーツ部のお母さんには意外な話かもしれませんが、日本舞踊での摺り足による足袋の汚れもよく落ちるといった声を寄せていただいています」

洗濯機では落としきれない繊維に入り込んだ強烈な部分汚れ、そこに底力を発揮してくれるというのがこの商品の魅力です。（株）東邦にとって、こういった消費者の声は、「洗濯物の全体を洗っていた洗濯石鹸」から「部分洗い用洗濯石鹸」として、商品価値の視線を変えていくきっかけにもなりました。

とはいえ、その後も売上は伸び悩んだようです。そこで（株）東邦は、これだけ消費者に支持されるよい商品ならば使ってもらうことが一番である、それにはもっと広く知ってもらうことが重要だと考え、二〇〇八年から販促活動を強化することにしました。

ＳＮＳのない時代、クチコミで広まったウタマロ石けんですから、ＳＮＳの普及によってその認知度をぐんぐんと高めていきました。二〇一三年からは地上波におけるテレビＣＭも開始され、松崎しげる氏が出ているWeb上のコミカルな動画も配信されています。それが理由でしょう。消費者から「ウタマロ、置いていませんか？」と店舗に問い合わが入るようになり、ホームセンターやドラッグストアだけでなく、スポーツ店でも取り扱ってもらえるようになったそうです。

これまで「知る人ぞ知る」商品として支えられ、五〇年以上のロングセラーとなったウタマロ石けんは、この一〇年の間に「みんなが知っているウタマロ石けん」となり、売上は急上昇していると言います。

現在、固形の石鹸だけでなく、ウタマロリキッド（部分洗い用液体洗剤）、ウタマロキッチン（食器洗い用洗剤）、ウタマロクリーナー（住宅用クリーナー）といった新アイテムも発売されています。こうした新しい商品が生み出されるなか（株）東邦は、環境面を考えてのリサイクル活動にも取り組んでおり、外食産業などで使用された食用油を回収して精製したリサイクル油を商品の一部に利用しています。

「この小さな石鹸がどこの家庭にも一つある。家族の思い出として受け継がれていく商品になれたら嬉しいです」

と話す西本社長の最後の言葉を聞いたとき、私は入寮する甥を心配したおばあちゃんが、彼の荷物にウタマロ石けんをそうっと入れたことを思い出し、涙が溢れてきそうになるのをぐっと堪えました。

ウタマロ石けん——私にとって、その存在は「野球母ちゃん」そのものです。子どもが傷ついたとき、最終的にその心に入っていけるのは母ちゃんです。安価ゆえデイリーに使える気安さ、「ここぞ」というときの汚れに対応できる強さ、レトロな雰囲気を醸し出すユニークな名前、インパクトのある色の石鹸は、お揃いのTシャツで無償の愛に奮闘するコミカルな母ちゃんたちを連想させてしまうのです。

さて、一緒に訪問した母ちゃんたちは、どんなことを感じたのでしょうか。やはり、野球母ちゃんらしい悩みを口にしました。

「汚れだけでなく、シミそばかすを落とす化粧石鹸をつくって欲しい!!」

母ちゃんたちが、若くて美しい女性スタッフの肌に終始見とれていたことは、帰りの電車の中で明らかになりました。先ほど見せてもらったウタマロ石けんのかつてのパッケージに「マホー石けん（魔法石鹸）」と書かれていたことを、ふと思い出してしまいました。この魔法でも使わないかぎり、母ちゃんたちの願いはかなわないでしょう。残念!!

（株）東邦を訪ねたあと私は、一〇〇回記念の大会を終えた全国高等学校野球選手権大会に今の想いを重ねてみました。時代に翻弄されながらも、その商品力で多くの人びとに支えられたウタマロ石けんを製造する（株）東邦は、二〇二〇年に同じく創業一〇〇周年を迎えます。そして今、新たな取り組みのもと大きく飛躍しようとしています。

ウタマロ石けんも、野球母ちゃんたちも、底力を出して「野球」というスポーツを支えてくれたように思います。古きよき伝統を守りながら、その素晴らしさの本質を示すことにより、野球はこれからもきっと熱いファンに指示されて守られていくことでしょう。そんなことを感じた、今回の訪問でした。

さて、中学野球を卒業して、洗濯から解放されたと思っていたわが家も高校野球へと進むことになりました。高校野球と言えば甲子園、球児たちの目標はもちろんそのグランドに立つことです。では、母ちゃんたちはどうなのでしょうか。甲子園、それは子どもたちにとって遠い夢ですが、それ以上に現実味をもてない母ちゃんが多いと思います。

もちろん、私もその一人です。しかし、その夢が叶った息子をもつ母ちゃんもいるのです。そんな母ちゃんが見たものはどんな景色だったのでしょうか。そして、そのとき、どんなことを考えたのでしょうか。

甲子園出場という夢の舞台に立てた野球母ちゃん、それが池谷弘子です。「まえがき」でも紹介したように、二〇一七年春の選抜高等学校野球大会に出場した静岡高校の左腕投手、池谷蒼大《いけやそうた》の母親です。本書の執筆にあたって相談したところ、彼女は私の知りたかったことに答えてくれました。

続く第8章では支え合う母親たち、最終章では彼女が綴ってきた思いを通して、甲子園球児の母親の姿を紹介していきます。

第8章

野球母ちゃんの絆

—苦しいときに母ちゃんがいた

水筒

二〇一七年、春の選抜高等学校野球大会に出場した静岡高校の投手、池谷蒼大《いけやそうた》。その母親が池谷弘子です。私とは長い付き合いになります。彼女と話していて物足りなく思うのは、甲子園に出場した息子についてあまり語らないことです。私だったらきっと自慢したくなるだろうし、嬉しいときにははしゃぎ、苦しいときには愚痴を言うかもしれません。

今回、取材をしても、蒼大のことを自分からは話そうとせず、考え込んで、何かを思い起こしている様子のときが多かったのです。そもそも、自分の思いをあまり表に出さないタイプなので、私が尋ねたことについてコメントをしてもらうことにしました。ただ一つだけ、「野球母ちゃんをしていたなかで、後悔したことってある？」という質問には積極的に発言し、その途中、涙で声を詰まらせていました。

彼女には、輝かしい甲子園のエースピッチャーの母親という誇りはもちろん、心の奥深くに抱えている野球母ちゃんとしての誇りがあったのです。

弘子からのコメント

友人の神川靖子から「甲子園に行った母親の気持ちや経験を語って欲しい、世の中の球児をもつ母親たちにエールを送って欲しい」というようなことを言われ、少し執筆のお手伝いをすることになった。

「甲子園球児の母ちゃん」というテーマで、自らの体験や一緒にがんばってきたチームの母ちゃんのことを書き進めていこうと思うのだけれど、私が野球母ちゃんとして子どもの野球活動に携わってきたなかで、今も悔やみきれないことが一つある。それは蒼大のことではない。

蒼大には三つ違いの兄がいるのだが、その長男の野球に対してのことである。まず、それを書かなければ先に進めないような気がした。長男が高校三年のとき、私は最後の夏の大会の開会式の会場に行かなかった。そのことを思うと、今でも後悔の涙が溢れてくる。

長男は小学三年生から野球をはじめたが、それが蒼大も野球をはじめるきっかけとなった。兄がたくさんの野球道具を持っていく後ろを、蒼大が小さいグローブとボールを持ってはしゃぎながら付いていく姿が今でも思い浮かんでくる。

長男は、基礎基本をもとに投げ方や打ち方、捕り方を身に着けていくタイプ。蒼大は、本能と感覚で身のこなしをするタイプ。そして、右利きと左利きという違いもある。ただ、三つ年が離れているため、練習の場では一緒にプレーすることはほとんどなかったが、自宅ではキャッチボールをするという仲の良い兄弟だった。しかし、やはりお兄ちゃん、弟には敵わぬ野球の先輩であった。そんな兄の後を追って野球をやりはじめ、今の蒼大に至っている。

蒼大にとって最後の夏の大会。草薙球場で、静岡高校の父兄たちとともに開会式を観覧した。いよいよ蒼大の高校野球の集大成、そして父兄にとっても、子どもとともに野球に携わり、喜びや悔しさを分かち合える最後の試合。県の頂点、いや日本の頂点を目指すトーナメント戦の幕が切られる。

開会式の雰囲気を体で感じ、興奮を味わいながらふと思い出したことがあった。それは三年前、長男の夏の高校野球大会のことである。夏の開会式というのは高校三年生にとっての最後の舞台であり、ダイヤモンドを胸張って堂々と行進するということは、球児にとっても親にとっても誇りとなる。しかし、この入場行進をすることが、長男はできなかった。会場にはいたのだが、スタンドでの開会式となったのだ。

二年と四か月を高校球児として全うしてきたのだが、最後は実力が及ばず、ベンチ入りすることができなかった。ベンチに入れないということが決定したとき、「残念だったね」と言葉をかけることしかできない自分がいた。そして、長男のユニホーム姿

スタンドで応援する子ども達

が見られないからと、私は開会式に行くことをやめたのだ。それから三年後、蒼大の晴れやかな開会式のときに、そのことが思い出された。

その会場で、その当時、同じ高校野球部の母親とばったり出会った。偶然にも、上の子どもも下の子どもも同じ年で野球少年。上の子どもは長男と同じ高校で野球をともにしてきたが、わが家の長男と同じく最後はベンチ入りができず、開会式での入場行進が叶わなかった。必然的に、どちらともなく彼女とその当時の話になった。

「開会式は行かない」と親同士で話したこと、そして「やっぱり、あのときここに来ればよかった」といったことも。

私もその母親も、これまで自分の子どもが試合に出ないからと言って、観に行かないとか、つまらないと思ったことなどは一度もない。練習試合や公式試合だって、出られなくても、いやむしろ出られないときこそ足を運んで応援しようと思っていた。それなのに、最後の開会式に行かなかった自分たち……なぜそうしたのか分からない。

この日まで、一途に野球に取り組んできた子どもたちの努力や気持ちはみんな同じである。いや、晴れの日の舞台に立ちたいという気持ちは、ベンチ入りができなかった子どもたちほど強かったのかもしれない。そんな息子たちの気持ちを、親として分かっているつもりでいたのだが……。

長男が少年野球に所属しているころのある日、先輩の父兄からこんな言葉を聞いた。

「私はね、応援している息子を応援しに行くんだよ」

試合には出られず、ベンチで一生懸命バット引きをやり、ファールボールをダッシュで取りに行く子どもを応援する。「走れー!」とか「しっかりダッシュしろー!」と大きな声を上げながら大笑いをするという。

こんなことを言った母親、いざ自分の子どもが試合に出たときは、もっと大きい声を張り上げるだろうと思いきや、静まり返って祈りのポーズをしていた。そんな姿を見ると本当に心が熱くなる。私はこのような野球母ちゃんたちに出会いながら、野球小僧の親としてのあり方を知っていったような気がしていたが、まだまだ未熟だった。ベンチにいようが、スタンドにいようが関係ない、結局、そう思える自分ではなかった。

そんな当時のことを思い返し、同じ境遇の二人で泣きながら話した日、その日が次男の晴れ舞台であった。

野球母ちゃんたちは、息子の野球にさまざまな思いを抱いている。喜び、期待、不安、心配、そして辛さ、悔しさ……。長男も、少年野球のころは出場機会に恵まれたが、中学や高校のときはなかなか難しいものがあった。でも、ひたむきに野球に打ち込む姿は、どんな形であれ、私のなかではヒーローであった。

遠慮がちな性格、悔しさを全面に出さない長男のお尻を叩きたくなったりもした。失敗して下を向く長男に、「自分の顔を鏡で見てこい！」、消極的な行動に「お前はさしみのつまか！」と檄《げき》を飛ばす監督。そんなハマりすぎる言葉を笑いながら真摯に受け止め、そんなことをネタに周りの母ちゃんたちと話をしたり、時に真剣に相談しあったりした。週末は、そんな野球、野球、野球の日々だった。

長男の野球にしろ、蒼大の野球にしろ、それに携わることができたことに本当に感謝をしている。私たち家族を野球の世界に引き込むきっかけをつくってくれた長男、私を母親として成長させてくれた長男に、一番の感謝かな。

池谷弘子は、「甲子園母ちゃん」は決して特別な母ちゃんではないということをまず伝えておきたかったのだと思います。球児たちは、高校生活のなかで大切なものを犠牲にしたことがあるかもしれません。本来は休みである週末も練習、平日は宿題をする時間さえもない、野球だけに打ち込み、同じように苦しい練習に耐えてきた球児たちでも、全員がベンチに入ることができないという過酷な現実があります。弘子は、次男の活躍があってこそ、長男の悔しさをリアルに感じ取れるようになったのだと言います。

「私はね、その日、長男が出るわけじゃないからいいやって、軽んじてしまったんだよね。クーラーのきいた部屋で寛ぎながら、テレビで開会式を見ていたんだよ。あの子は出場していたのに……」

そのことだけが、弘子は心残りだと嘆きました。仲間の入場行進を見つめていた長男。悔しさと闘いながらスタンドに立っていた長男のそばに駆け付け、彼を応援しなかったことを彼女はひどく悔やんでいます。しかし、黙ってその状況を受け止めてきた彼の強さこそが、母親としての自慢であり、誇りでもあるはずです。

「表情を出さない長男って、弘子の三人の子どものなかで、一番弘子に似てるじゃん!!」

泣いている弘子に向かって、私は笑って言いました。

下宿の母ちゃん

二〇一八年三月、中学校を卒業した私の甥は希望していた高校に進学しました。田舎にある自宅からの通学が困難なため、寮に入ることになりました。野球部での練習時間は長く、帰りは遅くなります。勉強との両立、そして洗濯といった問題もあります。眠る時間はあるのか、身体を壊すことはないか、そんなことを想像すると心配が絶えません。

弘子に、そんな気持ちをポツリと漏らしたことがあります。彼女も、息子を高校野球部の下宿から通学させた経験があるからです。

「そのほうがいいよ、苦労を味わったほうがいい」

彼女は私にこう言いましたが、それは厳しい口調ではなく、自分に言い聞かせ、何かを思い出し、そして納得しているような口調でした。さらに、こう続けました。

「下宿には、下宿の母ちゃんがいてくれる。離れていても心配ない……」

下宿の母ちゃん――ここでは、弘子の経験も参考にしながら、離れて暮らす子どものそばで支えてくれる下宿の母ちゃんの温かさを紹介したいと思います。

弘子からのコメント

「蒼大は散らかし屋さんね」

可愛らしく表現をしてくれる人がいた。実際のところ、そんな穏やかな部屋ではなく、蒼大の部屋は賑やかなものだった。物が転がり、あるときは固まり、化石のような不思議なものも発見できた。蒼大の部屋になったこの部屋に同情してしまうくらいの散らかし方だった。

乱雑とまでは言わないが、整理整頓というものに関しては不器用な性格のもち主だ。息子のことをよく分かっているつもりでも、やはりため息が漏れてしまうくらい、そこはまるで荒野の無法地帯のようだった。そんな蒼大でも、なくすことなく長く大切に使っているものがあった。それは、地味なものでありながら、野球小僧たちを支える最大の消耗品である「野球ソックス」だ。

二〇一五年四月三日、浜松の家を離れ、静岡市の葵区にある静岡高校野球部の下宿へ引っ越しをした。下宿生の入居数の関係で一時近くのアパートで寝泊まりをしていたが、三年生が引退したあと下宿に移り、高校野球生活の二年と四か月をここで過ごした。

最初の部屋は、下宿のなかでは一番大きな部屋で、一〇畳ぐらいのスペースに二段ベッドが二つ置かれていた。その四人部屋に同級生が三人。まあ、一六歳の子どもたちが暮らすにはとくに問題のない広さであった。しかも、一般的な「野球の寮」というイメージとは違って、何だか懐かしい匂いがする、そしてほっとする温かさを感じる「家庭」のような雰囲気だった。ただし、下宿に入った当初からの数か月は、三年生という大先輩と同居する生活だったこともあり、毎日が緊張の連続だったようだ。

もちろん、私たち親には生活の様子などを話してくれるだけの余裕はなかった。朝は早くから、夜は遅くまで、野球のことだけを必死でこなしているということは、自宅通学をしている部員の母親から聞かされていた。息子の気持ちはさておき、なんだか私のほうが共同生活をしている息子を想像してワクワクしていた。

だからといって、家を離れて暮らす息子を心配しないわけではない。これまでのように、手を伸ばせばすぐに何かが手に入る環境ではない。不自由ではないだろうが、決して楽なものではないはずだ。しかし、この下宿生活で縦社会や横社会を必然的に学べ、「他人の釜の飯を食う」というように、親元を離れて高校生活を経験することができる。そんな息子を「どうぞ、よろしくお願いします」と、ありがたい気持ちで託したというワクワク感だった。

やはり、家では学べないもの、他人とともに生活するなかで、いろいろな人と出会い、時にもまれながら人とのかかわりを学んでいく。そして、一人の人間として大きく成長させてくれるんではないかという期待だった。こんな私の勝手な期待は、その後も裏切られることはなく、期待以上に蒼大を大きく成長させ、たくさんのものが得られた。

蒼大の生活からまったく離れていた私が「野球ソックス」の存在に気づいたのは、三年生の夏、県大会の準決勝で敗戦したあとのことだった。高校野球では、夏の大会を敗退したその当日に引退をすることになる。そして、蒼大たち三年生の下宿生たちは、数日後には自宅への引っ越しとなる。その引っ越しの当日、部屋にある荷物を手に取るままに無造作に箱に積め込み、あっという間の二年と四か月の下宿生活に別れを告げた。

次の日、私が家で荷物の整理をしていると、泥がしみ込んだ年期の入ったソックスが数足出てきた。「これ洗ったの？」と思うくらいのうす茶色をしたソックスが、申し訳なさそうに固まって入っていた。ここまで汚れているおんぼろなら、いつもだったら片方しかない状態なのに、珍しくペアで揃っていた。

「はいはい、おんぼろソックスね」と手に取り、ゴミ袋にポイと入れようと思った瞬間、目を疑った。汚れが落ちていないソックスを全部見てみると、それには何か所も継ぎ接ぎがされていたのだ。誰がこのソックスを縫ってくれたんだろう？　すぐさま蒼大に聞いてみた。

「近藤さんが縫ってくれたんだよ」

近藤さんというのは、七五歳になる下宿のお母さんだ。何度も破いているソックスを、何度も布を重ねて縫ってくれていたのだ。

毎日、三〇人ほどの子どもたちの真っ黒な洗濯物を大きな洗濯機二台を動かし洗っている。午前中はフル回転。三〇人分の洗濯物を畳むだけでも大変なことだ。お手伝いに来てくれる近所のご婦人たちもいたという。

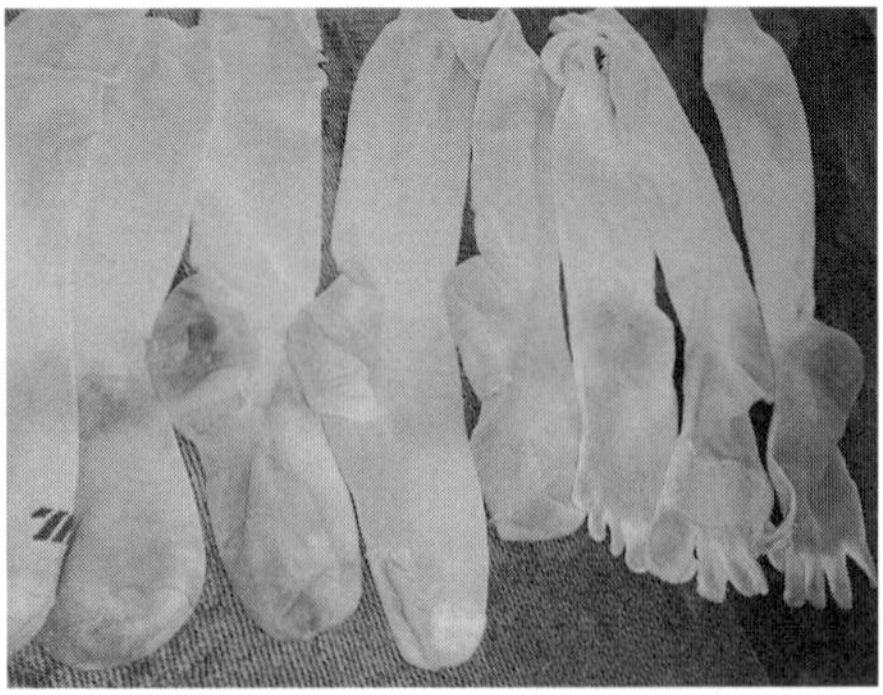

おんぼろソックス

そのソックスを、改めてジッと見てみた。そのとき、私の脳裏に浮かんできた光景は、下宿のお母さんが楽しく話をしながら洗濯物を畳み、目を細めて破れたソックスをチクチクと縫ってくれている姿だった。「あらまあ、また破れてる」と笑いながら……。

そんなことを想像していると、私の涙腺はゆるみ放題となり、おんぼろソックスをハンカチにして、片づける手が止まってしまった。

母親がサポートできない生活環境、離れて暮らす母親の代わりにそばにいてくれた下宿の母ちゃんは、子どもにとっても、そして保護者にとってもかけがえのない存在だったと思います。

弘子が蒼大を自宅から送り出したとき、不安よりも期待のほうが大きかったことを知り、私は「自分もそうでありたい」と思いました。現在、私の甥も寮生活がはじまったところです。甥は、寮の母ちゃんのことを「女将さん」と呼んでいます。男の子なので寮生活について詳しい説明をしてくれたりはしませんが、出会うたびに、少しずつではありますが成長しているという変化を感じます。

高校に入学してから二か月が経ち、初めてユニホームを着る試合の前日、同じチームの母ちゃんたちは、それぞれ夜遅くまで背番号を縫い付けていることが父兄のLINEで分かりました。

「位置は、上から何センチくらいでいいかな？」

「今、私もチクチク縫っています」

このような文面が、グループLINEで飛び交っていたのです。試合前日に背番号が配布され、練習が終わったあと遅くに帰宅した子どもからそれを受け取り、みんな縫い付けていたわけです。

甥が寮に入ると決めた中学時代に、私は何度かゼッケン着けの練習をさせたことがありますが、どうも苦手な様子でした。このときも、自分で着けている姿を想像してとても心配をしていました。寮に入るときに女将さんが、

「寮では、子どもたちにやらせます。私がついて教えますから大丈夫ですよ」

と言ってくれていたので、女将さんに任せて、この心配を吹き飛ばすことこそが自分にできる努力だと思って眠りました。弘子が言っているような子どもの成長を楽しむワクワク感は私にはなく、いつまでも不安ばかりで、甥離れができていない自分に気づき、「強くならねば……」と心から思っています。

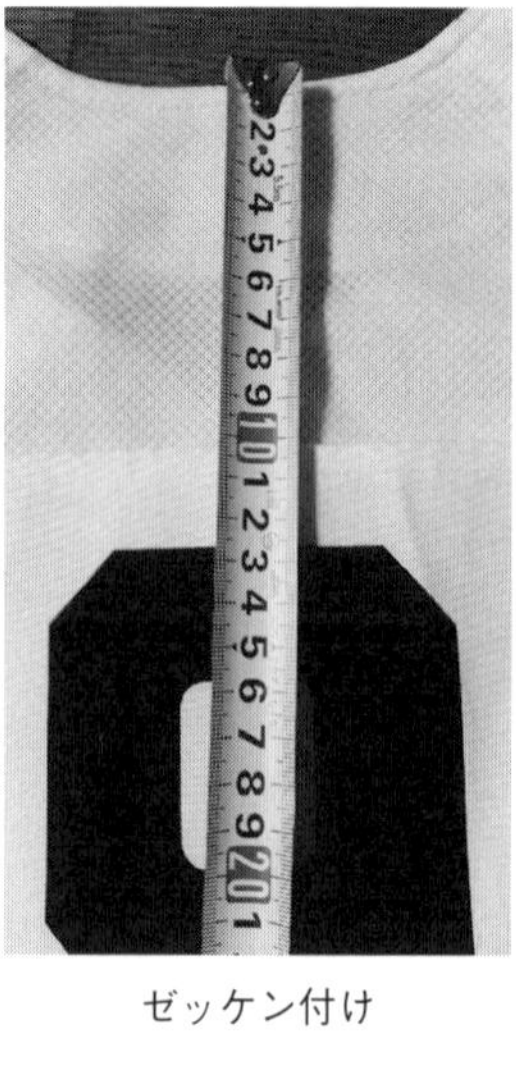

ゼッケン付け

翌日、試合会場に寮からやって来た甥の姿を見ました。その背中には、とても自分で縫ったと

Column

ゼッケン着け試験（高校野球母ちゃんの坂口千代美さん）

監督から背番号をいただく。母ちゃんにとっても最高の歓びとなる。しかし、裁縫が苦手な私にとっては、それが最大の課題となる。

大会前日、８の背番号を前にしてどっちが上か下かと迷い、先輩母ちゃんに確認した。マチ針をグサグサと刺しまくり、いざ縫いはじめると、前身衣と後身衣まで縫いつけてしまうというピンチに遭遇。初めの一か所は糸を切り、その周りだけ重ね縫いしてごまかしたが、二か所目は泣く泣く解いてやり直した。

手のアカギレがいつの間にか弾け、真白いユニホームに血が付いてしまう。老眼に夜の縫い物はきつく、目がショボショボして涙が出た。何とか汗と血と涙の滲んだ作品が完成！　ところが、試合当日、息子に向かって掛けられたチームメイトの一声に撃沈してしまった。

「これって、自分で縫ったの？」――それを聞いていた主人が大爆笑。この失敗が理由で息子は神経質になり、私が縫い終わるたびにユニホームをハンガーに掛け、ゼッケンの位置を確認するようになった。その姿、まるで「ゼッケン着け試験」の合否審査のようだった。

１番のゼッケン

しかし、息子がエースナンバーを着けるようになった頃、わが家の「ゼッケン着け試験」はなくなっていった。回数を重ねたおかげで、私も難なくゼッケンを縫い付けられるようになったのだ。最後の夏の大会、エースというプレッシャーを背負った息子の背中、いつもより大きく見えた。

は思えないほどきれいに背番号が着いていました。きっと、見かねた女将さんが着けてくれたのでしょう。さらに、まだ知り合ったばかりのチームの母ちゃんたちも、寮に入っている甥のゼッケンのことを自分の息子のことのように心配していてくれていて、「どうした？　大丈夫だった？」と声をかけてくれたのです。

試合が終了したあと、送迎バスを待つ時間は子どもたちのそばにいることができるので、私もチームの母ちゃんたちも子どもたちの姿を見つめていましたが、子どもたちは体力が余っているのか本当に元気です。知り合ったばかりの仲間と楽しそうにしている姿を見て、安堵しました。母ちゃんたちはというと、早朝から一日、高校での慣れない係を務めて緊張していたせいか、どっと疲れを感じていました。「ああ、夕飯の準備、嫌だね」とか「洗濯、嫌だね」といった言葉が自然と出てきます。

帰宅後、母ちゃんたちにはやることがたくさんあるのです。これまでなら私もきっと同じように思うはずですが、このときの私には説明のつかない気持ちが不意にこみ上げてきました。自分ばかりが楽をして、ほかのお母さんたちに申し訳ないという後ろめたさでしょうか、子どもに何かしてあげられる羨ましさでしょうか、自分は何もしてあげることができないという寂しさでしょうか、それとも、寮に帰ってから甥自身が片づけなければならないという不憫さやその心配からでしょうか、胸が苦しくなる深い思いでした。

そのとき、子どもたちが並べていたお揃いの野球バックのなかに甥の名前を見つけました。そこに彼の名前があることは当たり前なのですが、私はそれを見た途端なぜだか安心し、うかつにも母ちゃんたちの目の前で涙を流してしまいました。

このバックの中に、女将さんが朝早く起きてつくってくれたお弁当を入れて、ここまで持って来たのでしょう。ほかの子どもと変わらず、忘れ物もなく、この荷物を持って無事にここまで来たのです。自分の代わりに送り出してくれる女将さんの姿を思い浮かべ、その存在に感謝の気持ちでいっぱいになりました。

「女将さん、やさしいんだね」と私が聞くと、

「そうだね、女将さんはね……楽しいよ」と甥は答えました。

そして、何かを思い浮かべたように笑いました。楽しい……やさしいと答えるのではなく「楽しい」という一言から、女将さんの厳しさもすべて受け止め、信頼している子どもの気持ちを感じ取ることができました。叔母の立場から甘やかしてきた子どもなのです。

「ここを出るころには、お料理も一品ぐらいはつくれるようになるわよ」

こんなふうに言って「本当の意味のサポート」をしてくれている女将さん、たくさんの寮生を見守ってきた「寮の母ちゃん」でありながら、じつは一人の野球少年をもつ野球母ちゃんでした。

Column

チームの母ちゃんからの手紙

寮の女将さんだけでなく、同じチームの母ちゃん達の存在も心強いものです。部活だけでなく、クラスも同じだという子どもの母ちゃんは、甥の教室での出来事や担任との様子など、自分の息子から聞いたことを私に伝えてようとして声をかけてくれました。ほかの母ちゃんたちも、ゼッケン着けや洗濯のこと、食事のことなど甥の生活についてはもちろんのこと、離れて暮らす私の気持ちを気遣ってくれているのです。

ある母ちゃんから、次のような手紙がLINEで届きました。

「先日、甥っ子君の姿を見て涙していた靖子さんを見て、生意気ながらも抱きしめたいって思ってしまいました。実はわが家も、上の息子が４月から社会人野球をはじめ、一人暮らしの生活になりました。先日、試合の観戦に行って会ってきたのですが、別れ際に涙が……。

『部屋の掃除してあげようか？』『洗濯は？』と聞くと、『自分でできるから大丈夫だよ』と。社会人なので当たり前なのですが、逞しくなったことが嬉しい反面、同じ家に帰れない寂しさに襲われました。寂しいとき、靖子さんと抱き合い、泣いたり笑ったりしながらこれから先頑張っていけたら嬉しいなと思い、LINEをさせていただきました。私にできることがあればなんでも言ってくださいね」

この手紙をいただき、不安ばかりを引きずっていた私も、それを乗り越えていけるだけの気持ちが芽生えました。みんな同じなんですね。きっと、子ども達だってそうなのでしょう。そして、私より先に、子ども同士だってこんな出会いを経験しているはずです。互いにチームの仲間がいるのです。その支えがあるからこそ強くなれるのです。ようやく、高校野球生活に向けて期待が膨らんでいくことを感じられました。

甲子園の切符を掴む

駅前の書店で高校野球に関する雑誌を手にしました。その表紙が池谷蒼大で飾られていたのです。巻頭にはカラー写真で特集が組まれており、インタビューが掲載されていました。平積みされた一冊を下から取り、レジまで運びました。そして、お店には申し訳ないのですが、さっき開いた一冊は、蒼大のページがお客さんの目につくように開いたままにして店を出ました。

これまでも蒼大のことは話題になって雑誌に載ったことがありますが、甲子園出場が決まってからというもの、マスコミ報道や雑誌でこのような華やかな扱いをされ、私も心が躍り浮かれてしまいます。ふと、母親の弘子の顔が浮かんできました。テレビや新聞などに自分の息子の顔が映し出されるということの状況、さぞや誇らしく、自慢に思っているに違いない。しかし、私は浅はかでした。母親は、もっともっと複雑な思いでこの状況を受け止めていたのです。

池谷蒼大で飾られた雑誌

弘子からのコメント

二〇一六年一〇月二九日、東海大会の準決勝は三重高校との一戦、蒼大は先発としてマウンドに立った。味方がつなぐ確実な攻めと丁寧な守りの末、八回9対2のコールドで勝利し、春の選抜出場の当確ラインとなった。

この日、選手たちは喜びを表に出さず、いつもと変わらない粛々とした終わりの挨拶をしていたが、スタンドに向かって挨拶するときには、下を向いたまま顔を上げられない選手が一人いた。それは、常にこのチームを牽引してきたキャプテンの小柳だった。甲子園につながる一勝にあらゆる思いが溢れてきたのだろう。そのあとも、顔を帽子で隠しながらベンチへ向かうキャプテンの姿があった。

何人もの仲間に背中をポンと叩かれながら歩いていく息子を、キャプテンの母親は私の隣で、黙ったままスタンドから真っ直ぐに見つめていた。同じ場所にはいない、言葉も交わすわけでもない、だが、お互い同じ喜びを一緒に静かに感じている空気を感じた。

次の日の決勝は、右のエースである竹内が先発のマウンドに立った。その投球は、七回一死までノーヒットという圧巻な内容だった。素晴らしい投球術、肝の座った心の持ち主、そして、頼れるもう一人のエースだと改めて感じた。

蒼大は七回途中から竹内のあとを引き継いで登板した。そして、最後の打者をセンターフライに打ち取って、東海大会制覇となった。甲子園の切符が確実となる大きな優勝である。勝負が決まった瞬間、選手たちは満面の笑顔でマウンドにダッシュで集結し、飛び跳ねながら人差し指を空に高々と掲げた。

春の甲子園出場、ここに至るまでは、夏の大会とは少し経緯が違う。地区大会、県大会、そして東海大会という数多くの試合を勝ち進んでいかなければならない。勝ちあがっていくたびに、私は静高側の応援席にはいられず、バックネット裏で観るようになっていった。

みんなと応援しなければと思っていたのだが、心がそこにいられなくなるほどの圧迫感を感じていたのだ。そんな思いをほかの親たちに説明するわけでもなく、「ちょっとバックネット裏に行ってくる」とだけ伝え、静高応援席を離れた。あえて言わなくても理解してくれる仲間でもあった。この二年間を子どもの野球をともに応援してきた仲間であるがゆえの、自分の我が儘でもあった。

私はバックネット裏の前列で右のエースである竹内の父親の近くに座り、ビデオを撮るポジションを観戦位置として、小ぢんまりと応援パフォーマンスをしていた。応援団といるより、自分の不安な気持ちを抑えたいからであった。それこそ蒼大がランナーを出してしまったときには、心臓の音が周りの人に聞こえてしまうのではないかと思うくらい、自分のなかで強く激しく響いていた。

　このように数試合が過ぎていき、毎試合、最後の打者が蒼大の前にいる。試合を一つ一つ終えるごとに、隣の竹内の父と握手を交わし、静かに喜びと安堵を繰り返し感じていた。勝利するたびに、静高の応援スタンドに目を向けると、母ちゃんたちが抱き合って喜んでいる姿、涙している母ちゃんたちの姿があった。それは、私にとってはいろんな思いが交差する瞬間でもあった。


　母ちゃんたちと抱き合って、思いっきり喜びを分かち合いたい。でも、どうしても駆け寄ることができなかった。一緒に野球をともにしてきた子どもたち、彼らを全力で支え応援している父や母の思いはみんな同じだ。ただ、みんなが試合に出られるのかと言ったら……それを思うと、遠慮がちな気持ちになってしまう自分がいた。

　チーム全員が出場できるものではない、ということは誰もが承知していることであり、厳しい勝負の世界でそんなことを言っているのはただの綺麗事でしかない。選手からしたら戯言になるかもしれない。しかし、そんな気持ちをなぜか拭いきることができず、いつもこうやって思いをめぐらし、喜びを素直に表せないといった感情の堂々めぐりが押し寄せてくる。

　右のエースである竹内奎人の母親は、同じピッチャーの子どもをもつ親。公式試合ともなれば、どちらかの子どもがマウンドに上がって試合を戦い、どちらかの子どもが控えとなり、いつ投げるのかと、その時を待つ。この数試合の間も、いろんな気持ちが交差する時間であった。彼女とは、互いを応援する気持ちと自分の子どもを思う気持ちを糾いながらこの二年間をともに過ごしてきた。一緒の下宿に暮らし、生活をともにしている二人、そして同じ目標をもち、毎日野球を志す仲間でもある二人を見守ってきた母ちゃんであった。

彼女は、長男がまだ小学生のときに野球をやっていたころのような、熱い野球母ちゃんを思い出させてくれるような親だった。まるで同じ家族のように、チームの子どもたちの活躍を心から喜び、時に感極まって泣いている。そして、それ以上に我が子に熱い思いをもち、自分の子どもが投げ抜いたときには、人目もはばからず大泣きをする母ちゃんなのだ。

なんと気持ちのよい野球母ちゃんだろう。ここでも、そんな母ちゃんに心が熱くなった。こんな母ちゃんがそばにいてくれたおかげで、自分のなかにあった堂々めぐりのあの気持ちがいつしか消えていた。

この大会の最中、蒼大と話す機会はほとんどなかった。声をかける言葉は、「疲労は？」「湿布ある？」「治療代ある？」というぐらいだった。もちろん、ここで声をかける雰囲気でもないし、必要もない。それでも、遠巻きからのLINEのみの会話。それは心の中をしっかり覗けるような会話ではないが、ちょっとしたやり取りだけでも安心させてくれた。

この場に及んで、母親の役目なんてないことは分かっている。ひたすら、試合に挑む息子の姿を見守るだけだ。高校球児の母ちゃんは、何も言うこともなく、ただひたすら同じ場で同じ人たちと同じように思い、そしてわが子への思いを胸に祈り、心から応援するだけなのだ。

一一月の明治神宮野球大会を終え、そこから選抜高等学校野球大会まで四か月の時間がある。静岡高校野球部は新聞や雑誌、時には地元テレビで紹介されることもあり、世間では話題の一つとされていた。

そんななか、ピッチャーである蒼大はたくさん紹介されていた。高校野球のなかで息子がどのような位置にあり、どのような様子で頑張っているのかは、なかなか詳しく知ることができない私たちにとって、マスコミは大事な情報源であり、楽しみにもしていた。

しかし、日が経つにつれて、そんな報道もある意味、不安や心配の種になりつつあった。甲子園大会が近づくにつれて大きく取りざたされるような感じを受け、周りの評価や話題についていけなくなった自分に気づいたのだ。自分のことでもないのにプレッシャーを感じてしまう。本人はいったいどんな気持ちでいるのだろうか、とよく考えたものだ。

本人に聞けば、「取材が多いのは当然のこと。ちゃんと分かってるよ」と言う。甲子園出場を何回も経験している指導者がそばについている。先輩たちの姿も見てきている。そのモチベーションや心得はしっかりと伝授されているだろう、と信じている自分がいるのだが、勝手に心配が募るのだ。この子たちにとって、これらの報道がよいモチベーションになってくれれば、と。

友人の息子が甲子園に……私の心はお祭り騒ぎです。同郷の友人たちと一緒になって喜んでいたのですが、弘子はそんなふうではありませんでした。チーム全体ではなく、自分の息子が大きく取り沙汰されることは、仲間に対する、彼女特有の複雑な思いがあったのかもしれません。勝負の厳しさや痛みに敏感な体育会系の弘子ですから、さまざまな気持ちに心が押しつぶされそうになっていたのではないでしょうか。そして、何よりも、母親として息子の心持ちを案じていたのでしょう。弘子のこのコメントを読み終えたとき、そんな心を表現する言葉を私はつぶやいていました。

「ゆるせくないな」

この言葉は私と弘子が育った地域で使われている方言ですが、これが本当の私の気持ちです。遠州弁について説明されている本によると、その意味は「忙しない、落ち着かない」と書かれていますが、私たちの故郷では、「近しい者のことが心配で、自分の心までが騒いでしまう」といったニュアンスを含んで、愛情深く使われています。どんな言葉をかけてよいか分からないとき、「方言」はもっとも温かみを感じるものなのかもしれません。

自分の息子が静岡県の代表としてマウンドに立つ、もはや蒼大は池谷家の息子という一人の高校生ではなく、その存在は池谷家から離れて一人歩きをはじめ、静岡高校や静岡県民の期待を背負って立つことになるのです。

あのとき、私は舞い上がってしまいましたが、同郷の友人だからこそ弘子に一言、「ゆるせくないね」と声をかけてやればよかったと、配慮のなさに悔やんでいます。そんな私に、弘子がこう言いました。

「蒼大もね、みんなに騒がれ、知らない人に声をかけられるようになって、自分が期待されていること、やらなくちゃいけないってことを途中から自覚してきたのを感じたよ、ありがたいことだよ」

自宅に帰って、蒼大が掲載された雑誌や新聞の切抜きを目の前に並べてみました。それにしても、弘子の表情がいつもと違う……じつは、このときの弘子は息子への心配だけでなく、別のことで気になっていたことがあったのです。華やかさの陰に隠しもっていた深い悲しみに震えていたことを、知らない私がいました。

華やかさの陰に

「おばちゃん、弘子、来てる？　うちの子が蒼大と一緒に写真を撮りたいんだって」

二〇一七年元旦、私は同級生の成美を誘い、甥を連れて弘子の実家を訪ねました。弘子と蒼大はすぐさま庭先まで出てきてくれましたが、私と成美は、二人と入れ違いに家の中にずかずかと上がり込みました。小さなころから知っている弘子の両親の顔を見たくて、私も成美も、その懐かしさにテンションが上がります。

「おばちゃん、よかったね。蒼大が甲子園に行けるんだよ！」

成美が大きな声を出します。おばちゃんは目を大きく開いて頷き、本当に嬉しそうな顔をしています。

「私らも年寄りになって、甲子園は遠くて応援には行けんもんでねえ、娘らが大きなテレビを買ってくれただに」

おばちゃんは、成美に負けないくらい高い声で言いました。

「よかったね、おじちゃん！」

今度は奥の部屋にいたおじちゃんに私が声をかけると、おじちゃんは大画面テレビの前の特等席で座椅子に寄りかかってにっこりと頷いていました。

さて、庭先では憧れの池谷蒼大と並んで照れくさそうにポーズをとる甥の姿があり、弘子が携帯カメラで撮影をしてくれています。甲子園へ行く蒼大は、甥にとっては憧れの選手であり、よい刺激になります。少し遠慮がちに間をあけて立つ甥のそばにそっと近寄り、並んでくれる蒼大。優しさだけでなく、場慣れした大物振りを感じました。身近にそんなお兄ちゃんがいることに、私は深く感謝しました。

グローブを持ってきたので、本当ならキャッチボールをしたかったと思うのですが、さすがに家族で過ごす貴重な時間、この和やかな場所から連れ出すことは、それを断るはずのない相手だからこそ気持ちが阻まれました。その空気を読みとったのか、何も言わず、グローブを置いたままでいてくれた甥のことを私は嬉しく感じました。

「すごい、蒼大君の足の筋肉こんなんだったよ」

興奮気味に両手でそれを示しながら、甥は撮ったばかりの写真を確認して満足気でした。こんなふうにして二〇一七年を迎えた数日後、私のもとに弘子からLINEが届きました。

「靖子、願いが叶う神社ってどこ?」

いつになく弱気な弘子の気配を読み取りましたが、だからこそ理由は聞かずに、「自分のことを一番知っている、実家の前の八幡様がいいんじゃない?」と返信しました。じつは、息子が甲子園球児だとみんなからうらやまれている弘子が大きな悲しみを抱えていたのです。そのことを、私はあとから知ることになります。

弘子からのコメント

私には二人の姉がいる。長女である姉が、甲子園の決定が通達された一週間後の一月三一日、病を患った末に五五歳でこの世に別れを告げた。「孝美ちゃん」と呼ばれていた姉には子どもがいない。その代わり、私たち妹の子どもたちを自分の子どものように可愛がってくれた。もちろん、子どもたちみんなも孝美ちゃんのことが大好きだった。とくに蒼大は、幼いころから可愛がってもらっていた。

孝美ちゃんは五年前にガンを宣告され、数年間、入退院を繰り返していたが、一番苦しいときほど野球で活躍する蒼大が姉の生きるエネルギーとなっていた。また、体の調子がいいときは旦那さんとともに試合を観に来てくれていた。そして、病室では、テレビや新聞、雑誌などを見ては、それについてのコメンテーターとなっていた。

孝美ちゃんの具合は日を追うごとに悪くなっていったが、蒼大の話をするときは自然と言葉が出てくるようだった。一月一日、私たち小塩野家一同（私の実家）がいつものように集まった。孝美ちゃんは旦那さんに抱きかかえながら車に乗り、浜松市水窪町の実家にやって来た。誰もが、来年のお正月には孝美ちゃんはいないだろうと感じていた。そのくらい病が進行していたのだ。

蒼大がずっと孝美ちゃんのそばにいたのが印象的だった。笑顔が絶えない一日でもあった。もちろん、私たちも忘れられないかけがえのない正月となった。その後、まもなく病状が急速に悪化していった。日を追うごとに、弱く細くなっていったのだ。

一月二〇日、甲子園が決まれば休みもなくなるだろうと、静岡市に住む蒼大が平日の休暇を利用して浜松市まで出掛け、孝美ちゃんに会った。おそらく、孝美ちゃんと会えるのはこれが最後と。病床にいる孝美ちゃんと話をした。何を話していたんだろう……あとで、話していたことを聞いてみた。

孝美ちゃんと会話する蒼大（写真提供：佐藤愛さん）

姉　甲子園、行けなくなっちゃった……。蒼大が甲子園のときは孝美ちゃんいないな。

蒼大　でも，あっちへ行ったらゴンちゃんがいるから寂しくなくていいじゃん。（ゴンちゃんとは、姉の亡くなった愛犬のこと）

姉　蒼大が甲子園でマウンドに立っているのも、見れないね。

蒼大　じゃあ、ピンチのとき、マウンドの上に来てや。

こんな会話がされていたらしい。最後にＣＣレモンで乾杯をして、固い握手とともに頑張ることを約束し、孝美ちゃんとの最後の別れをした。こんな粋な会話ができる蒼大に、嬉しさを感じてしまった。

そして言葉どおり、甲子園のマウンドの上空にいる孝美ちゃんと会話をしている蒼大を見つけた。もう一人、真ん中の姉も蒼大のその姿を見逃さなかった。時間が止まった瞬間だった。

弘子のタブレットの画面に流れているのは正月の様子です。実家で孝美ちゃんを囲み、家族でカラオケを楽しんでいる動画を、一周忌が終わったころに弘子の実家で見せてもらいました。少しして、成美と弘子の従妹であるジーランがやって来て、四人でカップラーメンランチをしながら孝美ちゃんの思い出話をしました。

動画から流れるカラオケは昭和の古い曲ばかりです。とくに『岬めぐり』（一九七四年に発売された山本コウタローとウィークエンドのファーストシングル）が印象的で、とても楽しそうに手を叩きながら歌っている孝美ちゃんと美香ちゃん、そして弘子という三姉妹の姿が映し出されていました。動画を見ながら、私たちも四人で合唱しました。今も、この原稿を書きながら『岬めぐり』を聴いています。

孝美ちゃんと同じように、私にも子どもがいません。そんな自分が野球を通じて甥にかかわってきたこと、そんな日々は、子どもに恵まれなかった私の人生のなかで本当に豊かで、幸せな時間となりました。

臆病な私です。どんなに気が進まないことがあったとしても、甥にかかわることに関しては逃げ出せないことばかりでした。かつての自分でいたならば、食わず嫌いの我が儘な人生だったと思います。辛かった失敗、恥をかいたこともたくさんありましたが、人に助けてもらい、自分も人に対して気持ちを向けていけるようになりました。優しくなろう、そして強くなろう、どんなときでも前を向いていけるという気持ちが、自分のなかに芽生えていくのを感じました。

子どもがいない孝美ちゃんにとっても、甥っ子たちの存在から得たものは、きっと同じようなものではなかったと、勝手に自分の人生と重ね合わせています。画面に流れる孝美ちゃんの笑顔を見つめ、彼女は最後、幸せだったに違いないと感じます。そして、孝美ちゃんの死を家族が乗り越えていけるのも、このような子どもたちの存在が支えになっているからだと思います。未来へ続く夢や希望を与えてくれる子どもたちとの日常、それは、絶望のなかでも心を救ってくれる勇気に変わるものなのです。

「孝美ちゃんも野球母ちゃんになれてよかったですね」

心の中で、そっと彼女に合掌をしていました。

第9章

甲子園母ちゃん

アルプススタンド

ついに来た！　甲子園球場

二〇一七年三月二四日、選抜高等学校野球大会。静岡高校の応援をするために、私は甲子園球場に来ていました。球場前に着いたのは早朝でしたが、この日の試合は注目のカードが揃い、大変な混雑が予想されていました。しばらくぶりに訪れた甲子園球場、言わずと知れた高校野球ファンの聖地です。野球音痴の私でさえも、さすがに「特別」というものを感じるだけの雰囲気を醸し出していました。

阪神高速道路の高架橋が敷地のそばまで迫っていることもあり、球場全体が見えません。しかし、その高架橋が現実の世界と神聖な場所との「結界」であるかのようにも感じます。それをくぐると、いきなり視界に現れるのが球場のシンボルでもある「壁」です。

以前に私が訪れたときは、ちょうどリニューアル工事の最中でした。そのため、ツタで覆われたあの「壁」を私は見ることができませんでした。その後、レンガ張りに様相が変わったようですが、ツタは再び

甲子園球場の結界

甲子園球場の雄姿

植付けられ、今は壁を覆い隠す途中のようです。まだ完全なる「壁」ではありませんが、その雰囲気は十分伝わってきます。

甲子園球場が開場されたのは一九二四年、現在使用されている球場のなかでは最古のものだということです。コンクリートが剥き出しの簡素さはその歴史を物語るようにも思え、高校生の野球に見事にマッチした厳格さを感じます。個人的には、様変わりする前の甲子園を一度見ておきたかったと残念に思っています。

球場の中に入り、通路からスタンドに出た瞬間、いきなりカラーハイビジョン、パノラマの世界、土の黒、芝生の緑、空の青がいっきに視界に飛び込んできます。バックネットの銀傘の下に立つと、その正面には、旗が風になびく、軍艦のようなスコアボードが勇ましく聳え立っています。アルプススタンドは、その名前のとおり、青空にぴったりと張り付いた山脈のように広がり、外界を区切るように囲んでいます。

何と言っても、たくさんの観客がそれぞれの思いを抱いてそ

軍艦のようなスコアボード

こに集まっています。私はその中の一人として、まるでどこかに吸い込まれていくような震えさえ感じました。この美しい球場でいくつものドラマが繰り広げられてきた、どんな奇跡が起こってもおかしくない、何と現実離れした空間なのかと、知らず知らずのうちに興奮が湧き上がってきます。

三塁側の内野席を確保すると、鮮やかな球場を見渡し、大きく息を吸い込みました。このマウンドに友人の息子が立つ、そう考えただけで緊張が押し寄せてくるのです。第一試合は東海大福岡（福岡県）VS神戸国際大付属（兵庫県）。東海大福岡は地元の神戸国際大付属に九回でサヨナラ勝ち、そして第二試合は、全国で注目されている怪物、清宮幸太郎選手が出場する早稲田実業（東京都）VS明徳義塾（高知県）です。

「一回戦からこの対戦はもったいないなー」と、隣の席に座った男性がつぶやいています。確かに、どちらが勝ってもおかしくないという強豪同士の戦いに最後まで目が離せませんでしたが、結果は5対4で早稲田実業が勝利しました。

そして、いよいよ静岡高校VS不来方《こずかた》高校（岩手県）の試合です。先の二試合が人気のカードだったからでしょう、外野席まで観客で満員になっていました。不来方高校はたった一〇人の選手で、二一世紀枠で選出された初出場の学校です。日本人の気質でしょうか、観客のほとんどが不来方高校の応援をしているのではないかという空気に包まれていました。

そんななか、私は三塁スタンドからマウンドに立つ池谷蒼大《いけやそうた》を見ています。その視線の延長上には一塁側のアルプススタンド、静岡高校の応援団のなかに弘子がいるのです。ピッチャーの母親は、今、どんな気持ちでいるのでしょうか。私は、この大舞台のマウンドに立つ息子を見つめる母親のことばかりを考えていました。

弘子からのコメント

私がこれまで甲子園球場を訪れたのは、蒼大が入学する直前、一三二期の先輩方が中心となった大会のときだった。このとき蒼大は、一歳上の浜松出身の先輩である村木文哉さんのあとを追い、静岡高校への入学を決めていた。この大会で、村木先輩は一年生エースとして静高の「1番」を背負い、大舞台に立とうとしている。その偉大なる先輩の応援バスに便乗させてもらい、中学生の蒼大と私は早朝に浜松を出発した。まさにお祭り気分で、初めての甲子園を経験することとなった。

内野席に座り、まずは甲子園球場を見渡した。ダイナミックな雰囲気に、言葉もなくただ圧倒されていた。蒼大はというと、一緒に行った野球仲間と一点を見つめている。グランドの脇でキャッチボールをしている村木先輩の様子をじっと見入っていたのだ。次は自分もここに来る……絶対に、そう思っているに違いない。

この日の試合は宇治立命館高校との一戦。村木先輩は見事な完投勝利で初戦を飾った。帰りのバスの中でも、私たちの興奮はしばらく止むことがなかった。蒼大は熱い気持ちを抱えていたのだろうが、このときの私は、まさか出場選手として蒼大が甲子園に来ることになろうとは思ってもいなかった。

そして、二〇一七年三月二四日、ついにその日が来た。一昨年この地を訪れたときとは、まったく違う景色と違う声、そして違う匂いがした。アルプスタンドの入場を待つ静高の応援団、たくさんの人たちが列となり、試合を今か今かと待ちわびている。自分の子どもの試合をこんなにもたくさんの人たちが観に来てくれていると思ったら、鳥肌が立ってきた。

甲子園の凄さというものを改めて感じた。そして、この雰囲気が一気に好きになった。長い待ち時間ではあったが、とっても幸せな時間であった。列に並ぶ人々はさ

勝利して校歌斉唱（写真提供：佐藤愛さん）

まざまで、イヤホンを耳にして、すでに行われている試合状況をラジオで確認しながら周りの人たちに自慢げに教えてくれるおじさんの姿、静高ＯＢが同期生たちと集い、お揃いのＴシャツと帽子を身に着け、楽しそうに、そして誇らしげに大笑いをしている姿。ふと、スタンドから村木先輩の姿を食い入るように見ていた蒼大のことを思い出したが、今、甲子園のグランドにいる蒼大は私の知らない別の人物のように大きく見えた。

大勢のスタンド、人の話し声よりミットに収まるボールの音が大きく鳴り響いている。そんな音を聞いているのは私だけだなと思いながら、少しだけゆっくりと甲子園の音を味わっていた。

テレビで観ているときと同じ流れが、今、目の前で行われている。そして、聞き慣れたサイレンの音が大きく甲子園の球場に響きわたった。いよいよ試合がはじまる。先発は蒼大。静高は後攻である。後攻の特典は、グラウンド整備された、足跡のない黒いマウンドに立てることだ。その瞬間をしっかりと見届けた。

ピッチャープレートに足をかける前の静高のルーティン、一礼をみんなが一緒にした。いつもと変わらず、いつもの形で試合に入る子どもたち。いつもお喋りが先に立つ母ちゃんたちとともに、そのときだけは静かにじっと一点を見つめていた。もちろん、自分の子どもが甲子園球場に立つ姿を目に焼き付けていたのだ。

初戦の相手は不来方《こずかた》高校。二一世紀枠で選抜された高校で、部員も一〇人というぎりぎりのチームである。青森県の代表であるからして、冬場はグラウンド練習ができず、守備練習やチーム練習などが困難ななか、この時期の試合に挑む。入場行進のときも、不来方高校への拍手は一段と大きいものであった。試合の雰囲気は自然と不来方よりになるのは間違いない。そう覚悟をもっての試合となった。

試合がはじまり、不来方のチャンスのとき、予想どおり不来方への応援が盛り上がった。しかし、それに負けないだけの静高の応援があった。平日にもかかわらず応援にやって来た人たち、知り合いや生徒だけではなく、静高を愛し、静高野球を愛して止まない人たちが当たり前のようにここに集結し、熱い声援を送ってくれた。本当に凄い人たちだと改めて感じ、感謝の気持ちでいっぱいになった。

試合は静高有利という展開で進んでいった。蒼大も落ち着いたピッチングを続け、味方の援護も十分となり、判官贔屓

マウンドに礼

の雰囲気さえも自分たちの味方として、記念すべき一勝をものにした。私にとっては、一月に亡くなった姉へ捧げる一勝ともなったが、一緒にここまで過ごしてきたチームの仲間とともに、喜びを味わえる幸せのひとときともなった。

隣には必ずキャプテンの母と右エースの母と並び、試合という時間をともにしてきた。もちろんこの日も、しっかりと一緒に見届けることができた。

初戦はバス二台を借りて、応援に来てくれる人たちと甲子園入りした。一台には少年団関係と身内、もう一台は中学野球の関係者とその父兄。早朝の出発にもかかわらず、多くの人たちが足を運んでくれた。

往路は身内側のバスに乗り、緊張していながらも、バスの中でみなさんと会話を楽しみながら甲子園へと向かった。周りは、小さいころからの蒼大を知る人たちばかり。「青っぱな蒼大」「いたずら小僧」「やんちゃくれ」など、さまざまな彼の代名詞が飛び交って話は盛り上がり、

大舞台で投げる池谷蒼大（写真提供：佐藤愛さん）

誰もが大舞台で投げる蒼大のことをわが子のように楽しみにしてくれていた。結局、初戦だけの応援バス。でも、みんな、その一日の甲子園を満喫してくれたようだった。

残念だったのは、私の父親を連れていくことができなかったこと。実家へ帰ったとき、必ず蒼大を相手にキャッチボールとノックをやってくれた「山じいじ（私の父）」を甲子園に連れていくことができなかった。「山じいじ」は病を患い、遠出するのが難しかった。蒼大が甲子園のマウンドに立つことを人一倍楽しみにしていたのだが、断念せざるを得なかった。その代わり、長年使用していたブラウン管のテレビを最新型のテレビに替えた。「現地よりもはるかに蒼大の表情が分かるから」と、苦しい言い訳をしながらのテレビ観戦となった。

父親はテレビに釘づけとなって、大きな声を出しての応援。そして母親は、孫の姿を見ていられず、庭の草取りを二時間もしていたらしい。一戦目、まずはそれぞれの位置での観戦となった。


三月二七日、第二戦となる大阪桐蔭戦。

甲子園に魔物なんていない。今でも、そのことは信じている。

誰もが、あの一回表の出来事は忘れない。すべては蒼大のピッチングだった。どうしよう……どうなっちゃうの……頭が真っ白になったが、目を背けるわけにもいかない。周りの父兄もさすがに言葉が出ず、黙ってその回を見守っていた。当然、誰もがすでに試合は終わったと思えるような空気が漂っている。あり得ない、あり得ない……信じたくない、信じないと必死に頭から消し去りたい一回の表だった。

周りの人たちから漏れる「あ～」という落胆の声が何度も耳に入ってくる。（ねえ、どうしたの？）と、信じがたいこの流れをどうやって止めることができるのか、私はただただ祈るばかりだった。

まさかの六失点。もはや、勝負は決まったも同然。あと何点取られてこの試合を終えるだろう。このピッチングで終えてしまったら、この子はどうなってしまうのだろう。この一回の表のことは、いまだに思い出すのが怖いくらい強烈なものだ。

これが魔物？　そんなことをチラッと思ってしまった。長くて苦しい一回表が終了した。天を仰ぐしかなかった。孝美ちゃん……蒼大を守ってと。

蒼大はどんな気持ちでベンチに戻っていったのだろう。周りの父兄に申し訳なくて、「ごめんね……みんな助けて……」としか言えなかった。すると、「点を取っていくしかない！　子どもたちが何とかする」と、周りの父兄が強く声を上げた。心がどこかへ行ってしまっているような気持ちだった私は、その力強い叫びに対しても返す言葉がなく、顔を上げることがなかなかできなかった。スコアボードには、「６」という数字が、大きく、重く表示されていた。

それでも時は進む。一回裏がはじまった。（とにかく、点をください）と、私は祈ることしかできない。そして、静高の攻撃がはじまった。何と、一回の表に負けない魔物が味方のベンチにも躍り出た。怒涛の快進撃がはじまった。ドラマのような展開、奇跡、いろんな言い方ができるような攻撃だった。

この子たちって、すごい！　底力というものなのだろうか、うなるような地響きを感じるような攻撃。何と、六点をもぎ取って同点としたのだ。まだ一回の裏だというのに、静高スタンドは最高潮の盛り上がりを見せた。鳥肌が立ち、先ほどとは違った意味で天を仰いだ。（ありがとう！　もう大丈夫、見ていてね孝美ちゃん）

二回から、蒼大のピッチングが変わった。球速は変わらないが、キレが半端なかった。躍動を感じる投げ方、野球を楽しんでいる投げ方、私が幼いころから見てきたテンポとパフォーマンスだ。よかった……いつもの蒼大だ。とはいえ、ス

キャプテンと蒼大（写真提供：佐藤愛さん）

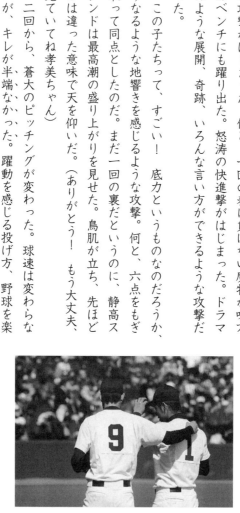

タミナはもたないだろうとも理解していた。

八回にとうとうつかまり、逆転を許した。ピッチャーの途中交代となり、蒼大はマウンドを降りた。そして、静高の選抜甲子園の幕は閉じた。魔物だったのか、神様だったのか、分からない恐ろしさが甲子園球場にはある。でも私は、高校野球に魔物なんて絶対にいないと信じている。


弘子は、昔から体育会系の背の高い綺麗な女性でした。不愛想だけれど男性的なイメージもあり、「男児」というニックネームでも呼ばれていました。スポーツに対する知識もある彼女は、どこでも堂々としていられるのだろうとばかり思っていましたが、甲子園という場所では、心が震えることばかりだったようです。

ずっとあとから「甲子園、どうだった?」と尋ねた私に、「怖かった」とひと言だけ弘子は答えました。野球は一人では戦えない、それは選手も親も同じです。チームの仲間やこれまで出会ってきた関係者に支えられて踏ん張っていたのでしょう。そんな弘子だからこそ、自らの忙しさを押しても、いつも私のことを気にかけてくれ、支えてくれるのでしょう。

私が応援に行った一戦目の試合後、声だけでもかけて帰ろうかと、弘子が出てくる一塁側の出口に向かって歩いていきました。すると、ピッチャーの母である彼女は、ご主人と並んで周囲の

Column

アルプススタンド

阪神甲子園球場に「アルプススタンド」と呼ばれる観客席があります。それぞれ約6,100席となっている東スタンドと西スタンドのことを指しますが、この呼称が、阪神甲子園球場だけに使われていることを私は知りませんでした。

1924年、日本初の野球場として甲子園球場が竣工し、当時は1塁側、3塁側の内野スタンドと外野席との間に20段の木造スタンドが造られていたそうですが、1929年に内野スタンドと同じ鉄筋コンクリートの50段（高さ14.3m）に改修されました。

そのスタンドを白いシャツの観客が埋め尽くす光景を見た登山家（大阪朝日新聞編集局の藤木九三氏）が「アルプスの雪山」と表現したほか、岡本一平（岡本太郎の父親）が、朝日新聞に書いた漫画に「ソノスタンドハマタ素敵ニ高ク見エル、アルプススタンドダ、上ノ方ニハ万年雪ガアリサウダ」と書き込んだことで定着したそうです。これについては、岡本一平漫画漫文集（岩波文庫、1995年）の表紙でも紹介されています。

アルプススタンド

第100回目を迎えた2018年の大会は記録的な猛暑のなかでの開催となりました。気温からはとても雪山を想像することはできない灼熱のアルプススタンドでは、今年から熱中症対策として散水ミスト機が置かれたようです。この100回を機に、よき伝統を守りながらも、時代にあった新しい高校野球大会がはじまっていくことを期待しています。

人たちに頭を下げて挨拶をしていました。その姿を見たとき、なぜか分からないけど私は声をかけられず、しばらくそこで立ち止まって見とれてしまったのです。そう、若いとき、結婚式で宝塚のようなドレスを着て、夫婦二人で並んで挨拶していたあのときの光景を思い出してしまったのです。

あれから歳を重ね、笑った目尻に皺《しわ》も増えていますが、ジーパン姿で父兄ジャンパーを着ている彼女は、あのころよりもずっとずっと綺麗でした。

最後の夏

私にとって、夏という季節が特別なものになったのは野球に携わってからのことです。梅雨が明けるころの母ちゃんたちは、急にコピーライターと化し、連絡網のLINEを開けば、次のような「お約束」のキャッチフレーズが挨拶代わりに飛び交います。

「燃える夏が来た！」

「暑い、熱い、厚い夏にしよう!!」

「長い夏になりますように」

「終わらない夏でありますように」

エアコンが大好きな母ちゃんたちの言葉とはとても思えません。以前の私であれば、夏の球場に数時間座っているなんて、とても耐えられなかったことでしょう。今では、夏が来ると、まるでお祭りの前のように心が高揚し、ほかの母ちゃんたちと同様、夏のキャッチフレーズにも熱くなりますが、そんななかで一つだけ、「最後の夏」といううたい文句には胸が締め付けられそうになり、切なくなるのです。

二〇一七年、夏の高校野球静岡県大会の準決勝（六回戦）、この日、私は草薙球場に駆け付けることはできませんでしたが、静岡高校が勝利して決勝へ進むこと、春と同様に甲子園に出場することを信じて疑わず、テレビで観戦をしていました。対戦するのは藤枝明誠、この年の強豪校です。

一回表、池谷蒼大投手は藤枝明誠の攻撃を抑えたものの、二回表に三失点で同点。それ以降も得点を奪われました。藤枝明誠の打戦を抑えられず、悪い流れを断ち切ることができずに苦しい試合となりました。

逆転された瞬間は悪い夢でも見ているかのようでした。そして、信じがたい、残念な結果で試合が決まりました。池谷蒼大が画面に映し出され、そのコメントに潔さを感じて「大きな男だ」とテレビの前でつぶやいていましたが、記者の質問が仲間のことに触れた途端に涙を見せた彼が、急に普通の高校生に見えてきました。

胸の奥が締め付けられ、映っていても分からないだろう画面の人だかりに母親である弘子の姿を探していました。

弘子からのコメント

いまだに、そのときを振り返ることができない。もちろん、本人にそのときのことを聞いてみるだけの勇気もない。実は、私のなかでは、野球児としての蒼大はあのときのまま止まっているのだ。

今思い出しても、目の前に現れるのは、投げても、投げても打たれる蒼大の姿である。そして、もう一つは、失点しても周りの選手たちが、そして後輩たちが一生懸命点数を重ねてくれる攻撃である。顔を上に向けて、声を張り上げるベンチやスタンドの選手。そのひたむきな選手の姿にこたえることができなかった蒼大を見ていると、何とも言えなかった。

試合が終わった。最後、そこの場所にいることだけがやっとだった。茫然と立ちすくみ、心も身体も麻痺してしまったように何も動かなかった。試合が終わったことを信じたくない。今まで一番嬉しかった場所が、一番辛い場所となってしまった瞬間だ。

チームの母ちゃんが私の肩を叩いてくれている。「蒼大、頑張れ」と。一緒に過ごしてきたこの母ちゃんたちの励ましや慰めが申し訳なくて、申し訳なくて、思わず肩を借りて顔を埋めるしかなかった。子どもたち同様に一緒に過ごした仲間であり、かけがえのない同志だった。

試合終了後、学校に戻った。すでに陽は落ち、部室の明かりが灯もるだけというなかで、いつものように円になって、仲間たちとの最後のミーティングが行われた。監督や部長、そしてコーチ陣からの最後の言葉をいただく。きっと涙で顔など見えていないだろうに、それでもしっかりと顔を上げ、話を聞く子どもたちだった。

このユニホーム姿をもう見ることができないんだと、寂しさに胸が締め付けられそうだった。嗚咽する子どもの声が聞こえる。ここでは、今日の試合に負けたことではなく、今、このときに、高校野球が終わってしまったことが告げられる。辛いことだが、しっかりとそれを受け入れて、今日を終えなければいけなかった。それは、私たち父兄も同様である。

ミーティングが終わり、今度は父兄に向けて一人ずつが言葉を述べていった。誰もがくしゃくしゃな顔になって、一生懸命言葉にしていた。負けた悔しさ、高校野球が終わってしまった悲しさ、この仲間と野球ができない寂しさ……そんな思いを言葉に詰まらせながら話していた。そして、お世話のなった人たちへの精いっぱいの感謝の気持ちを伝え、一人ひとりの挨拶を終えた。

蒼大の最初の一言は、「こんな試合になって申し訳ない……」だった。蒼大の言葉に頷いている自分がいた。この負けは、「自分自身の負け」と私は受け止めた。そして、この負けを背負って次のステージへと進んでいくのだ、と。

「お疲れさま！　投げ方違ったね、大丈夫？」

「別に、いつもと変わらないよ。投げるボールがなくなっただけ……」

最後の夏は、これもまた印象深く、あとに引くような幕切れとなった。

球児にとって「最後の夏」は、言うまでもなく、同じチームの仲間との「最後の試合」とか「最後の野球」といった意味をもちます。その夏を私はどんなふうに迎えることになり、どんなふうに終わらせるのでしょうか。球児たちも、母ちゃんたちも、いったい何のために、何が見たくて過密なスケジュールをこなしてきたのでしょうか。また、何を得て、何を失ったと感じたのでしょうか。

結局、私は、弘子からのコメントを読んでもその答えを出すことができません。そして、そもそも答えを求めていないことに気づきました。

「野球ばっかりやってきて、高校生らしく遊んだことはあったの？　後悔はまったくないの？」

ある食事会の席で、元球児にこんな質問をしている若い女性がいました。決して悪気があるわけではなく、野球にまったく縁のないタイプの女性の素直な疑問だったと思います。質問をされた彼は、丸刈のころから少し伸びた髪をさわりながら次のように答えました。

「高校野球がやりたかったんです。つまり、高校生のときにしかできなかったことをしてきました。こうやって今は髪だって伸ばせるし、野球を選んだことへの後悔はまったくないですけど、試合中のことで、あのときこんなプレーができていたならと思うことがいくつかあります。キリがないですね。部活で得たものは大きいけれど、失くしたものは思いつきません……強いていえば、僕の野球に付き合わせた家族のほうが我慢していたのかもしれません」

あまりにも爽やかに、誠実に答える姿が好感度を高くし、横で聞いていた私は、昭和のおじさんのように「えらい！」と思わず声を上げて拍手をしてしまいました。そして、この言葉を何度も繰り返し、記憶しておきたいと思いました。

彼の言葉に感嘆した私ですが、本当は分かっていません。今の私には、彼らが何を犠牲にして

お兄ちゃんの野球を観戦する小さな姉弟

いるのかまったく分かっていないのです。練習着でビシビシと動き回っている姿ばかり見ていると、学生服で友達と通学しているという自然な光景に安心感を覚えていた自分がいたことも事実なのです。

時に、夜遅くまでゲームをやったり、友人と学校帰りに買い食いをしたり、宿題ができずにクラスの秀才に勉強を教えてもらったり、親に対して悪態もつきます。だらしないという姿が高校生らしいと言えばそれらしくて、微笑ましくもあります。くたくたに疲れた姿を見るたびに、野球をやっていなかったらもっと楽な生活ができるのではないか……そんなことを思う私が確かに存在しているのです。

もし、彼らの気持ちを知るヒントがあるとすれば、それは母ちゃんたちの姿からでした。綺麗な女性を見かけた途端、「お洒落をしてみたい」と言ったり、お隣からお土産をいただくと「旅行にだって出掛けてみたい」と羨《うらや》んでみたり、器用な技や才能を友人見せられると、「カルチャー教室なんぞにも通ってみたい」と言いだす始末です。

さまざまな欲求だってあるのです。でも、それらは、そう思わせるきっかけがあった数分間、いや数秒だけのことで、すぐに頭の中は翌日のお弁当や週末の天気に切り替わってしまうのです。

隣の芝生が青く見えていたころの私だって、野球のサポートを続けてきたことによって主体性というものをずいぶん養うことができたと思っています。そこにたくさんの時間を費やしてきたことに「我慢」はなく、「興味」のほうが大きく感じられていました。ただ単に、充実した時間を過ごしていたのだと思います。

子どもたちの口からも、ほかにやりたいことを「我慢する」という言葉を聞いたことはありません。「いくら寝ても足りない」と言いながら、起きなければいけないときや怪我をして練習ができないとき、試合に出られないときなど、「辛抱、辛抱」と言い聞かせている子どもたちの姿を見てきました。日々、野球がうまくなりたい、チームの役に立ちたい、レギュラーになりたい、そして今の仲間と一日でも長くこの夏を過ごしていたい、そんな日常が目の前にあるだけで、ほかにやりたいことを「我慢」しているようにはとても見えませんでした。ただ、夢中なだけなのです。

そんな高校生が、いつものように家を出て、試合に負けたら野球が終わりだなんて……勝つことしか考えていない球児たちにも、私たちにも、そんな瞬間が来ることを実感することはできません。もしも勝ち進んで頂点に立てたとしても同じなのです。仲間とプレーする「最後の夏」は、すべての球児に訪れるのです。

野球に強く抱きしめられていた球児たちが、心の整理がつかないままに「野球」から手を離されてその外側へと放り出される、そんな拍子抜けした気持ちなのではないかと想像します。

先ほど紹介した食事会の彼のように、もしかしたら、ずっとずっとあとになってから、それぞ

Column

終わらない夏（江間明美さん）

１回戦負けとなった夏の大会……これで高校野球、長男の最後の夏はあっけなく終わった。

翌朝、次男の野球の試合に出掛ける準備をしていると長男が起きてきた。

「ねえ、弟の野球の試合、見に行かないの？」と声をかけると、

「俺、もう野球好きじゃないし！」とぶっきらぼうに答えた。

まだ気持ちの整理がつかないのだろう。まるで、野球を相手にして失恋でもしたような口ぶりだ。

「じゃ、友達と遊んできなさいよ」と言うと、

「俺たち、遊び方、知らないし……」と、ふてくされた。

遊び方を知らない……この言葉を聞いて私は苦しくなった。明けても暮れても野球という日々を過ごしてきた彼らである。投げ捨てられたその言葉から、まるでいつも、当たり前のようにそばにいた遊び相手がいなくなってしまったという寂しさを感じた。

私は長男の顔を見ずに、「じゃ、暑いから川でも行ってきなさいよ」と言って家を出た。

次男の試合が終わって帰ってくると、脱衣所にタオルや水着が脱ぎ捨てられていた。どうやら、友達と一緒に川遊びをしてきたようだ。しかし、長男の姿がなかった。いったい、どこへ行ったのだろう……。

ふと見ると、いつもの場所に長男のグローブがなかった。サンダルを履いて表に出てみた。熱い日差しが落ちて、夕方の風が吹いている近所の空き地、そこで長男は友達と楽しそうにキャッチボールをしていた。日焼けも、野球熱も、ずっと冷めやらぬ少年たちがそこにいた。

れの胸やそれぞれの脳裏に刻んだことが思い返されるのかもしれません。ひょっとすると、自分の我慢ではなく、気づいてやれなかった周囲の我慢さえも見えてくるかもしれません。知らないところで支えてくれている兄弟や家族がいるのです。そんなことが分かるようになるころに、楽しかったこと、嬉しかったこと、悔しかったこと、苦しかったこと、一番大切だと感じたこと……そんなことをじっくりと振り返ることができるのではないでしょうか。

無我夢中で過ごしている日々、球児たちの「最後の夏」はただ何事もなかったように訪れ、そして何事もなかったように通り過ぎていくのかもしれません。私の甥は、そして、みなさんの息子さんたちはそのときをどのように迎えるのでしょうか……。

自分の道を選んだ息子へ

プロに行くのではないか？　大学に行くのではないか？　蒼大の進路について憶測が飛び交うなか、私は弘子からの報告を黙って待つことにしていました。球児を見守るだけの母親、その母親のことも、友人として見守ることしかできないのだと、私にもようやく分かりかけてきました。一八歳の少年が「プロ」という言葉を前にして有頂天になるのではないか、いや親だってそうなるのではない……私にはまったく分からない世界です。

二〇一八年春、例年より早く桜が散る三月のことです。新しい道を選んだ息子に対する弘子の気持ちを活字で手渡され、私はこの瞬間、彼女の奥底に潜むすべてを知ることになりました。

弘子と待ち合わせた場所は、蒼大の母校である浜松市立積志《せきし》小学校のグランドです。少年野球チーム「ドジャース」の練習をときどき手伝いに来ているのだ、と先ほどの電話で弘子が言っていました。

グランドには、貫禄のある年配のベテラン監督とまるで友人のように親しく笑顔で話している弘子の姿がありました。彼女にとって、この場所が居心地のよいことが感じられます。

「ちょっと子どもとキャッチボールしてくるから、前の喫茶店で待っていて！」

溌剌とした声を掛けてくる弘子につられ、「おう！」と手を上げて男性のように返事をして、指定された喫茶店の椅子に座って私は弘子からのコメントを読みました。

弘子からのコメント

今、蒼大は、社会人野球のヤマハにお世話になっている。おそらく昨年は、甲子園や夏の大会も控え、いろんな状況や思いを抱えながら、常にどこかで進路というものを考えていたのだと想像する。最終的に私たちに伝えた言葉は、「俺、社会人に行くで！　いいら？」だった。

以前、「大学ってどうだろう?」というようなことは口にしたこともある。また、「プロを目指す意志があるのかな?」というようなことを私は言ってみたりもした。しかし、春の甲子園後、蒼大と進路の話はしばらくすることがなくなった。

きっと自分のなかでは考えが進んでいるだろうと思っていたが、気になるところでもあった。どんなことを考え、周りにいる友人たちとはどんな話をしているのか。きっと、いろいろな話をしていることだろうし、自分にとって一番よい選択をするだろうとも思っていた。もちろん、信頼の厚い指導者などがいるからである。迷いなく、きっと決められるであろうと信じてもいた。

案の定、「どうしたい?」と聞く前に、蒼大の口から社会人として野球をやりたいとはっきり伝えられた。大学野球という選択もなかったわけではないが、今の自分が一番納得できる選択のようだった。

親から見ていると、いろいろな情報が耳に入るばかりで、本人の気持ちなど関係なく「プロ注目」と取りざたされ、この言葉が雑誌や新聞に掲載されていることも度々目にした。親のほうが勘違いを起こしてしまっている部分があったのかもしれない。そんな雑念などがすっ飛んでしまいそうなくらい、蒼大はさっぱりとした宣告した。そんな息子が、頼もしく思えたのも事実である。

その反対に、寂しさを感じる自分もいた。確かに、相談されても私たちにとっては未知の世界となるので答えることができない。一八歳の子どもが選択するという状況、野球を職にするということはどういうものなのだろうか。バイトもしたことのない子どもに働くということがすぐに分かるのだろうかなど、親ぶって考えてみたりもした。しかし、そんな考えが無駄であることも分かりきっている。それでも、親として子どものことを考えるのはおかしくない、という気持ちであった。

遅ればせながら、母親として、そのときに言いたかったことを記してみようと思う。

小さなころから目指してきた夢というものはあると思う。それは、甲子園出場以上にプロ野球とかメジャーとか、ワクワクするどデカイ夢だったことは間違いないだろう。そんな小さいころ、無邪気に抱いた夢はまだ存在しているだろうか？　もし、まだその夢が片隅にでも残っているなら、その頂きとやらを目指してみたらいいと思う。一八歳には、そのときにしか考えられないことがあるはず。そう、今しかできないことがあるはずだ。

出会うべくして出会えた野球。そこから生まれた数々の出会い。どれだけ素晴らしいものなのか、どれだけ広く深いものなのか、それは本人が一番感じていることだろう。すべては出会いである。出会いなくして、今の蒼大はなかっただろう。周りの人に支えられながら、学びながら、蒼大なりに今の環境をつくり上げてきた。その与えられたありがたい支えを抱え、もう少し高みを目指してもいいんじゃないかと思う。

今、私は、いつまでも野球母ちゃんを味わっていたいと思っている。心配やいらぬ世話をしたいのだ。「うわっ、くさっ！」と言いながらも洗濯だこをつくって、真っ白になったユニホームを見ていたい。卵をたくさん買って、「もう食えね～！」と言うぐらいのオムライスをつくりたい。

勝てば乾杯、負ければふて寝。感情むき出しな日々がただ幸せだったと、目を瞑って微笑みながら振り返っては悦びと懐かしに浸っている現在だが、蒼大には、とことんやれるまで野球をやってみてほしい。

これが、私の言いたかったこと。

店内が少し混雑してきました。私は涙が落ちないように天井に見上げ、それから積志小学校のグランドがあるほうに視点を移しました。ここからは姿は見えませんが、弘子が少年野球チーム「ドジャース」の小さな子どもたちとキャッチボールをしているはずです。

弘子は、休日に子どもたちと野球を楽しんでいます。息子が高校野球を卒業しても、本人は「野球母ちゃん」を卒業することができないのでしょうか。いや、彼女は野球母ちゃんではなく、甲子園球児の母親でもなく、ただの母ちゃんなのだとつくづく思いました。

あの夏に「野球母ちゃんだもん！」と誇らしげに言った弘子の言葉、野球母ちゃんだからといって、ほか母ちゃんよりも「偉く」、「すごい」という意味ではないのです。言った本人だって気がついていない、もっと深みのある言葉だったのです。

「野球部って大変だね、親も大変だね」

こう言われながら、その大変さをコメディにし、時には「野球母ちゃんだもん」という虚勢を張らないと崩れてしまいそうになる可愛い母ちゃんたち。母親の責任や裁量が浮き彫りになるのではないか、人付き合いが上手にできるのか、そんなことにプレッシャーを感じながら、子どもの成長を見守るだけの心配性いっぱいの母親なのです。

みなさんも、子どもが小さなころに初めてヒットを打ったときの顔、そしてエラーして泣いていた顔を昨日のことのように思い出しませんか。仲間とハイタッチして喜んだあの日、声を出して悔し泣きをしたあの日、そんな日々を子どもと一緒に過ごすことが幸せだったただの母ちゃんたち。きっと、すべての

子どもと練習する弘子

母ちゃんに同じような母親奮闘記があったことだと思います。「野球母ちゃんでいたい」、それはつまり、いつまでも息子の母親でいたいということなのです。

私はコーヒーの会計を済ませ、店で弘子を待たずにグランドに走っていきました。これまでに出会った母ちゃんたち、一人ひとりの顔が次々に浮かんできます。どんどん先に歩いていく息子の面影を追いかけ、いつまでも息子の世話を焼いていたい母ちゃんたちです。何だかそんな顔に会えるような気がして、息を切らしてグランドに戻りました。

そこには、小さな子どもに向かって緩い球を投げている野球母ちゃんの姿がありました。

幼いころの息子達

あとがき

最後まで読んでくださり、ありがとうございました。

かつて私は、野球というスポーツは男性のものと決め込んでいました。野球母ちゃんになるまでは、興味をもつことはなく、いったい何が楽しいのかさっぱり分かりませんでした。しかし最近は、ソフトボールも含めて女子野球の活躍が社会的に注目されています。女性の野球への関心が高まるなか、野球界も女子野球への取り組みを進めているようです。

八月二九日付の〈静岡新聞〉に掲載された記事によると、静岡県東部で女子小中学生を対象にした野球の練習会「愛鷹女子野球塾」（日産クリエイティブサービス主催）が開催されたということです。子どもの部活から野球に引き込まれていく母親や女子野球選手など、これまでとひと味違うスパイスが野球に加わり、新しい風が吹きはじめているのです。

さて、本書を執筆することになった背景を説明しましょう。二〇一七年八月五日、私は本書の出版社である新評論の武市さんと名古屋市内の喫茶店にいました。ちょうど、本書のベースとなるブログ「ウタマロ日記」を書きはじめたころです。この日、私はジュンク堂・丸善書店で前著

『飯田線ものがたり』の共著者である太田朋子さんとともに刊行イベントのトークショーに出演していました。武市さんは、わざわざ東京から応援に来てくれていたのです。

トークショーの終了後、喫茶店で私はおもむろに、夏の高校野球の話題を切り出しました。イベントが終わったせいか緊張がほぐれ、普段の勢いのままに野球母ちゃんをテーマにしたコメディのようなブログの内容を伝えると、関西出身の武市さんは愉快そうに声を上げて笑い出したのです。

さらに、本書の陰の主役であるウタマロ石けんに興味をもち、「ウタマロ石けんなんてあんの？おもろい！」と言って立ち上がると、すぐさま会計を済ませ、その足で地下街に向かってウタマロ石けんを探し歩きはじめたのです。私はというと、唖然として後を付いていくだけでした。そして、武市さんは振り向きざま、

「野球母ちゃんをテーマにして、本を書きますか？」

と言われ、お調子者の私は二つ返事で引き受けてしまいました。

勢いのままとはいえ、執筆の機会をいただいた私、「野球母ちゃん」が奮闘する姿だけでなく、自らの経験を通して野球音痴と子育ての未熟さを存分にカミングアウトし、みなさんに「元気」と「勇気」と「自信」を届けたいと思いました。そして、協力者として友人である池谷弘子を巻き込んだのは、私の「母ちゃんぶり」とは違う、彼女の「高校野球母ちゃんぶり」を知って欲し

かったからです。

甲子園球児を育てた母親がどんな子育てをしたのか参考にして欲しい、ということが言いたいわけではありません。まったく逆です。友人だから言えることですが、彼女にだって未熟な母親時代があったのです。子どもと一緒に歩んできたからこそ、意識が変わって親として成長できたのです。もちろん、その過程にはたくさんの支えがありました。

甲子園球児だけでなく、夏の大会に出られなかった選手、一回戦で負けた選手、違うスポーツを選んだ子どもたち、それぞれがドラマの主人公であり、その母親たちにも「結果」だけでは語ることのできない物語があるのです。そんなことも、みなさんに伝えたいと思いました。ページをめくっていくことで、子どもたちの成長とともに母ちゃんたちの成長も感じとっていただければうれしいです。

池谷弘子だけでなく、ヤマハ株式会社の池谷蒼大選手、静岡高校の関係者のみなさん、そして多くの友人母ちゃんたち、ありがとうございました。みなさんの協力を得ながら本書をつくり上げる作業は、私自身、歩いてきた人生を振り返り、向き合っていくような有意義な時間でした。自らの体験に感情移入してしまい、文章にセンチメンタリズムが過ぎるところもありますが、お許しください。

もちろん、みなさんの心に「ストライク」というエピソードもあれば、「アウト!」という判定もあるかと思います。でも何とか、新評論の武市さんに助けていただきながら本書『野球母ちゃん』は九回裏を迎えることができました。

本書で使用した写真を提供してくださったのは、浜松選抜チームの仲間である渡部三千穂さん、我が少年野球部と互いに選手をレンタルしあったソフトボール部の栄留美穂子さんです。それぞれ環境は違うのですが、これらの写真が語ること、それは言うまでもないでしょう。素敵な写真をありがとうございました。

そして、これまでにお世話になったみなさんにもこの場を借りて改めてお礼を述べたいと思います。まずは、少年野球時代の指導者や父兄のみなさま、なんといっても母親の出番と活躍が多かった幼少期を一緒に過ごすことができました。監督の「走れ！」という声に、何も分からないまま盗塁を仕掛ける選手、「投げろ」という言葉にまったく違う場所へ送球する選手、監督が思わず頭を抱えてしまうほど何が起こるかわからないエラー続出という子どもたちのゲームでしたが、当時は、子どもたちの「表情」だけをみなさんと一緒に見つめていたような気がします。

さらに、中学野球部の時代にお世話になったみなさま、浜松選抜チームで素晴らしい体験をさせてくださった浜松市中学野球国際親善育成会のみなさま、そして、浜松中学野球トレセンのみなさま、各チームで知り合った父兄のみなさま、本当にありがとうございました。子どもたちがたくさんの人とめぐり合い、かかわり合い、自らの目標を見つけていったこの時代、私は子どもたちの「成長」を確認することができました。

第一〇〇回記念となった全国高等学校野球選手権大会が終わった三日後の八月二四日、私は「ウタマロ石けん」をつくっている株式会社東邦を、インタビューのために訪問しました。もちろん、池谷弘子も一緒です。そして翌日、二人揃って甲子園球場に向かいました。

シャッターの下りた入場券売り場の前で立ち止まり、「阪神甲子園球場」の文字を見上げると、胸にある特別な思いとは裏腹に無機質なものに見えました。静けさがそうさせたのでしょう。しかし、隣にいる弘子は何かを思い返しているようです。そのとき、現在お世話になっている高校野球部のみんなの顔が浮かんできました。

「私も、必ずここへ来るぞ!」

この場所を目指して一緒に過ごしていく日々を思うと胸が高鳴りました。

この場所を目指す日々こそ大切にしたい

甲子園球場の帰り道、信号待ちをしている私たちの横を、リュックにバットを差し込んだ野球小僧が自転車で通り過ぎていきました。見知らぬ子どもですが、つい顔がほころんでしまい、心の中で「頑張れ」と声をかけてしまいました。いつだってハートフルでいられる素晴らしい世界、それを教えてくれた子どもたちに一番のお礼を申し上げたいです。そして、彼らを支えるすべての野球関係者の方々に敬意を込め、心から感謝申し上げます。

執筆時期の関係で甥が所属する高校野球部のことを紹介できなかったことが悔やまれますが、私に「野球母ちゃん」を体験させてくれた甥の建貴《たつき》に「本当にありがとう!!」と言いたいです。これからあなたが活躍するであろう人生の観客スタンドに立って、ずっと見守っていきたいです。

二〇一九年、全国高等学校野球選手権は新世紀を迎えます。このタイミングで本書を出版するという機会を与えてくださった株式会社新評論の武市一幸さんに一礼をして、試合終了とさせていただきます。

神川靖子

二〇一八年　水窪まつりの日に

著者紹介

神川靖子（かみかわ・やすこ）
1969年、飯田線沿線の町、浜松市天竜区水窪町に生まれる。
現在、天竜区龍山町に在住。
野球母ちゃん歴９年、継続中。
共著書として『飯田線ものがたり』（新評論、2017年）がある。

協力者紹介

池谷弘子（いけや・ひろこ）
1968年、浜松市天竜区水窪町に生まれる。
現在、浜松市東区に在住。
野球母ちゃん歴14年、継続中。

野球母ちゃん
——そのパワー侮るなかれ——

2018年11月30日　初版第１刷発行

著者　神　川　靖　子
協力　池　谷　弘　子
発行者　武　市　一　幸

発行所　株式会社　新　評　論

〒169-0051
東京都新宿区西早稲田３-16-28
http://www.shinhyoron.co.jp

電話　03（3202）７３９１
FAX　03（3202）５８３２
振替・00160-1-113487

落丁・乱丁はお取り替えします。
定価はカバーに表示してあります。

印刷　フォレスト
製本　中永製本所
装丁　山 田 英 春
写真　著　　者
（但し書きのあるものは除く）

Printed in Japan
ISBN978-4-7948-1108-0

新 評 論　　好 評 既 刊

太田朋子・神川靖子

飯田線ものがたり

川村カネトがつないだレールに乗って

全国200万人のテツの方々も瞠目必至！魅惑の「秘境号」ネタをはじめ、全線開通80周年を迎える路線の感動の歴史秘話満載。

四六並製　280頁＋カラー口絵8頁 2000円 IBN978-4-7948-1074-8

戸川幸夫 著／田中豊美 画
戸川久美 解説

新装合本　牙王物語

大雪山連峰を舞台に繰り広げられる自然・動物・人間の壮大な物語。読む者の心を捕えて離さぬ動物文学の最高峰が再生！

四六並製　368頁　1800円　ISBN978-4-7948-1107-3

ロイス・ローリー／島津やよい 訳

ギヴァー　記憶を注ぐ者

時は近未来。生まれ育った理想郷の秘密を知った少年は、真実をとりもどす旅に出る…SFの古典的名作が新訳で再生！　四六上製　256頁　1500円　ISBN978-4-7948-0826-4

ロイス・ローリー／島津やよい 訳

ギャザリング・ブルー　青を蒐める者

子どもの創造性とは何か。「教育」とはだれのためにあるのか。数多の問いをはらむ話題の近未来小説シリーズ、待望の第二弾！　四六上製　264頁　1500円　ISBN978-4-7948-0930-8

ロイス・ローリー／島津やよい 訳

メッセンジャー　緑の森の使者

相互扶助の平和な〈村〉にしのびよる不吉な影とは？人類の行く末を映しだす壮大な4部作、待望の第3弾！
四六上製　232頁　1500円　ISBN978-4-7948-0977-3

ロイス・ローリー／島津やよい 訳

ある子ども

〈ギヴァー4部作〉ついに完結！変化の契機となった赤ん坊とその母の旅路の果て、善と悪の最後のたたかいがはじまる。　四六並製　384頁　2400円　ISBN978-4-7948-1089-2

表示価格は本体価格（税抜）です。